Über die Autorin

Katharina Höftmann, 1984 in Rostock geboren, studierte Psychologie mit Nebenfach Deutsch-Jüdische Geschichte an der Humboldt-Universität zu Berlin. Während ihres Studiums arbeitete sie bereits für verschiedene Medien wie »Young«, »Die Welt« und die »BILD« und absolvierte Praktika und Projektarbeiten bei der Axel Springer AG und beim Kriminologischen Forschungsinstitut Niedersachsen. Dank eines Stipendiums der Ben-Gurion-Universität konnte sie 2006 an einem zweimonatigen Studentenaustausch in Israel teilnehmen. Nach Studienabschluss ist sie für 1 ½ Jahre als PR-Beraterin bei der renommierten Agentur Scholz & Friends tätig gewesen. Von März 2010 war sie für ein Jahr als Stipendiatin der Studienstiftung des Deutschen Volkes im Programm für Wissenschafts- und Auslandsjournalismus in Israel und veröffentlicht in diesem Rahmen für die dpa und die WELT ONLINE. Daneben schrieb sie als Kolumnistin für die meistgelesene israelische Zeitung »Israel Hayom«. Sie lebt mit ihrem israelischen Lebensgefährten in Tel Aviv.

Katharina Höftmann

Guten Morgen, Tel Aviv!

Geschichten
aus dem Holy Land

WILHELM HEYNE VERLAG
MÜNCHEN

Für Nahum und Britta

Die mit Sternchen gekennzeichneten Texte erschienen bereits
in Katharina Höftmanns Blog bei der »Welt Online«.

Verlagsgruppe Random House FSC-DEU-0100
Das für dieses Buch verwendete FSC®-zertifizierte Papier
Holmen Book Cream liefert Holmen Paper, Hallstavik, Schweden.

Deutsche Originalausgabe 12/2011

Copyright © 2011 by Wilhelm Heyne Verlag, München,
in der Verlagsgruppe Random House GmbH
www.heyne.de
Printed in Germany 2011
Umschlaggestaltung: Büro Überland, München
Satz: Greiner & Reichel, Köln
Druck und Bindung: GGP Media GmbH, Pößneck
ISBN 978-3-453-60209-0

Inhalt

Ausgerechnet Israel*   9

Laut, lauter, Israel*   12

Hochzeit Down Under*   15

Freier-Frei   18

Ich, Es und Über-Ich   21

Cats and the City*   24

Kälteeinbruch   27

Falscher Alarm   29

Die Gretchenfrage   33

Tot und Meer   36

Olé   40

Der israelische Informalismus   43

Das Spielmannszug-Syndrom   46

Die Empfehlung   49

Die Deutschen*   52

Die Sache mit der Mischpoke   55

Handyolismus*   58

Grün   62

Die Spezies Ars   65

Königreich der Kühlschränke*   68

Kriegsveteranenland*   71

Parallelwelten: Die Orthodoxen   74

Raum*   78

Die Sprache   81

Die Synagoge 84

Modeerscheinung 87

Das Wetter 90

Die israelische Frau 93

Wiedergeburt contra Leben 96

Weihnachtswunder* 99

Land der unbegrenzten Sonderangebote* 103

Teilen und Heilen 106

Der Tag, an dem ich nicht Angela Merkel traf 110

Golocaust 113

Gegen jede Regel 118

Hightech-Mittelalter 122

Identitätsamok 126

Hoffnung to go-go 130

IS-REAL 133

Keine Panik 137

Hatiul hagadol 140

Kleine Freiheit 143

Der Philosemiten-Bus 146

Die Sozialen 149

Das Bauchtanztrauma 152

Tel Aviv I: Vom Habima bis Ajami –
Im Geschwindigkeitsrausch durch
eine wilde Stadt 156

Tel Aviv II: Vom Elektro-Garten bis zur
Hochzeitsstraße – Der messianische Teil 161

Zeit 165

Der Aberglaube 169

Trance-Aufgang 173

Der Anschlag 176

Kater koscher 179

Matateh 182

Der Durchschnittsdeutsche 185

Cluburlaub 188

Nomen est omen 191

Der Schwiegerfriseur 194

Saunabesuch 197

Schweizer Parabel 201

Freundschaft 204

Dank 208

Ausgerechnet Israel

Alle ziehen nach Berlin. Ich ziehe weg. Nach Israel.

In das Land der Heiligen, das Kleinod religiöser Fanatiker und anderer Spinner, Zentrum politischer Diskussionen von Pasewalk bis Gummersbach.

Wenn schon wegziehen, dann spektakulär. Jeder hat eine Meinung zum Nahoststaat. Das Land spaltet die Massen.

Am meisten überraschte mich mein alter Kumpel A., mit dem ich als Backfisch um die Häuser zog. Damals beschränkten sich unsere Gespräche auf Anabolikakonsum und seine Mädchengeschichten. Als er erfährt, dass ich wegziehe, schweigt er. Und sagt schließlich: »Ach ja, der Nahostkonflikt. Da habe ich neulich eine Reportage gesehen. Wie siehst du das denn dort politisch?«

»Wie ich das sehe? A., wir haben uns noch nie über etwas anderes als Steroide und Bräute unterhalten. Und plötzlich machst du einen auf Maischberger?«

Ja, Israel liegt jedem am Herzen. Oder schwer auf dem Herzen. Und jeder verlangt im Gegensatz zu Neu-Heimaten wie New York oder Potsdam eine Rechtfertigung, warum man denn jetzt ausgerechnet da hinzieht. Israel. Das macht verdächtig.

Ich sag dann immer, mein Freund ist Israeli. Das stimmt natürlich auch und unterbindet zumindest für die folgenden zehn Gesprächsminuten Diskussionen jedweder politischer Art. Eine Art Feuerpause vor dem großen antiisraelischen Angriff. Besonders in Berlin ein beliebter Volkssport in Kneipen, Bars und auf Heimatfesten. Einmal habe ich im Wahn von Berliner »All you can do«-Attitüde einen »I-Herz-Israel-Anstecker« im In-Club getragen. Natürlich sollte das nicht unbemerkt bleiben. Kurz hinter der Garderobe fragte mich ein Klüngel-Bubi in Cordhosen und Steppjacke, ob ich mich eigentlich nicht schäme, diesen Pin zu tragen. Ich wollte nicht unhöflich sein und stellte mich vor. Er sagte, er sei ein moderner Antisemit, der alle Israelis hasst. Mein israelischer Freund drohte, den Anstecker in seinen Kopf zu bohren. Und meine Freundin B. war besorgt, dass wir jetzt aus dem Club fliegen. Das erlebt man natürlich mit einem »I love New York«-T-Shirt nicht.

Manchmal wünsche ich mir, ich wäre nach Ruanda gezogen. Dafür interessiert sich wenigstens keiner. Aber es ist so schwer, ruandische Männer kennenzulernen.

Und nun bin ich also in Israel. Hier angekommen, fühle ich mich verpflichtet, die top drei der meistgestellten Fragen an einen Auswanderer wie mich zu beantworten.

Viele Menschen glauben ja, Israel sei pures Kriegsgebiet. Und fragen besorgt:

Ist es da nicht gefährlich?

Ja, das stimmt. Es ist gefährlich hier. Israelische Autofahrer zum Beispiel befinden sich Tag für Tag in einem kriegsartigen Ausnahmezustand. Zebrastreifen halten sie für Safari-Deko, Schulterblicke nutzen sie lediglich, um auf der Rückbank zu wühlen, und Krankenwagen lassen sie aus Prinzip nicht vorbei. Wäre ja noch schöner, wenn die sich vordrängeln.

Hast du nicht Angst vor Terroranschlägen?

Ja, natürlich habe ich Angst. Diese Angst vor Terroristen wird aber durch die Angst, im Straßenkrieg – der Schlacht zwischen Autofahrer und Mensch – das Zeitliche zu segnen, überschattet.

Und schließlich die Frage, die trotz des »Was hab ich denn damit zu tun?«-Mantras meiner Generation immer wieder gestellt wird:

Wie reagieren die Israelis darauf, dass du aus Deutschland kommst? Wegen des Holocausts und so.

Wenn sie hören, dass ich aus Berlin komme, sagen sie mir, dass sie Berlin lieben und dort unbedingt hinwollen. Am liebsten für immer.

Und dann fragen sie mich, warum ich um Gottes willen von Berlin nach Israel gezogen bin.

Laut, lauter, Israel

Wenn jemand von Israel als dem Ach-so-Heiligen-Land spricht, war er noch nie da. Oder nur in Jerusalem (was wohl ungefähr auf das Gleiche rauskommt). Ich würde es eher das schreiende Land nennen. Manchmal auch das brüllende. Keifende. Rumschnauzende. Blaffende. Oder wie meine Mutter es beim ersten Besuch ausdrückte: »Ich konnte heute Morgen gar nicht mehr schlafen. Selbst die Vögel zwitschern hier lauter.«

Willkommen im Land der Schreihälse. Ob Mensch oder Tier, wer hier nicht mindestens einmal am Tag die 100-Dezibel-Schwelle überschreitet, ist kein lebendes Wesen. Zumindest keins mit israelischer Identität. Und das sage ich nicht als Fahrstuhl-Schweiger, als in öffentlichen Verkehrsmitteln nach Ruhe suchende Deutsche. Denn in meinem Heimatland gehörte ich einst der schreienden Klasse an. Ich brüllte, wo ich konnte. Als Kind gen Balkon im fünften Stock nach einer Decke oder Stullen. In der Schule im Zickenkrieg pubertierender Mädchen. Ich habe jahrelang Theater gespielt (*die* Ausrede für übermäßiges Schrei-Sprechen) und kann locker ein Gespräch über drei Straßen oder quer durch Schallschutzfenster aufrechterhalten. Kaum ein Tag, an dem ich nicht am Telefon, in der Berliner S-Bahn oder durch die Schallschutzscheibe die Worte »Schrei doch nicht so« gehört habe.

Ich bin eine Brüll-Liese, die nun an ihre Grenzen stößt. Ich kann nicht mehr mithalten. Wie ein in die Jahre gekommener 100-Meter-Jahrhundertläufer, der nur noch traurig im Schotter sitzt und den agilen, gepardenartigen Jamaikanern hinterherschaut. So laufe ich nun mit hängendem Kopf durch die Gassen meiner neuen Heimat und erkenne: Sie sind einfach lauter als ich. Bereits als ich vor fünf Jahren das erste Mal am Esstisch der israelischen Familie meines Liebsten saß, dünkte mir, dass Dinge sich ändern würden. Ein riesiger Streit schien sich direkt vor meinen Ohren abzuspielen. Ältester Bruder und Vater schrien sich unverhohlen ins Gesicht. Begleitet von ausladenden Gesten und bedrohlicher Mimik so furchterregend, dass ich mich tief und tiefer in den Lederstuhl duckte. Heute weiß ich, einer wollte das Salz, der andere den Pfeffer.

Es ist nicht einfach für mich, mit dieser israelischen Eigenart des kunstvollen und wenig freundlich wirkenden Brüllens klarzukommen. Und das, obwohl ich nicht verwöhnt bin. Ich komme immerhin aus Mecklenburg-Vorpommern. Und habe sechs Jahre Berliner Ämter überlebt. Aber das freundliche Berliner Amtsdeutsch à la »Wat wolln-se denn hier. Ick jeb ihnen nicht den Osweis. Könn se nich kieken – den kriejen se nebenaahan« – ich vermisse es. Hier begrüßen mich im Presseamt israelische Brülljinskis, die erst nach beherztem, stimmenüberschlagendem, kreischendem SHAAAAAALOOOOOOOOM meinerseits für eine Millisekunde innehalten und ärgerlich fragen. »Was willst du?«

Ja, zu dem Lärm gesellt sich noch eine Direktheit und, sagen wir es doch ganz direkt, Unfreundlichkeit, die die Israelis Chuzpe nennen. Und dessen Gegenwörter wohl Höflichkeit und Zuvorkommenheit sind. Nun, Herr Höflich oder Frau Zuvorkommend sind mir hier noch nicht begegnet. Das ist aber nicht weiter schlimm, denn mein guter Freund O. hat mir schon den entscheidenden Tipp zur Problembewältigung gegeben: »Sei nie freundlich, Gott bewahre höflich. Höflich sein bedeutet, Schwäche zu zeigen.«

Und so schreie ich mich nun durch meinen Alltag, immer ein Kreischen auf den Lippen, mit gurgelnder Kehle allzeit bereit. Bissig wie ein alternder 100-Meter-Jahrhundertläufer, der es noch einmal wissen will.

Hochzeit Down Under

Die israelische Hochzeit ist ein Spektakel für sich. Einmal an dem Punkt angekommen, einen heiratswilligen anderen gefunden zu haben, scheuen Israelis weder Kosten noch Mühen, das Ereignis zu würdigen. Dabei haben alle Hochzeiten eine wesentliche Gemeinsamkeit: Sie verfügen über eine mindestens dreistellige Gästezahl, und nach der religiösen Zeremonie wird Trance-Musik gespielt. Braut und Bräutigam springen dann wie angestochene Kängurus mehr oder weniger engagiert über die teuer angemietete Tanzfläche.

Neulich war es also mal wieder Zeit für einen solchen Ausflug nach Australien. Die israelische Hochzeit stand an. In diesem Fall handelte es sich um eine Vermählung der besonderen Art. Eine nordisraelische Mafiafamilie lud Heerscharen dazu ein, der Eheschließung ihrer Nummer zwei beizuwohnen. Die Mutter der Braut trug stilecht ein schwarz glänzendes Netzgewand. Die Schwester des Bräutigams war schon beim ersten Tanz besoffen. Zumindest glaube ich das, denn beim Känguru-Tanz sind wir alle gleich. Und vielleicht sah auch ich etwas besoffen aus, wie ich, die einzige echte Blondine unter all den Mizrachi (aus arabischen Ländern eingewanderte Juden), versuchte, meine Hüften zum Bauchtanz-Trance zu schwingen.

Die Zeremonie selbst glich einer RTL Fight Night. Der DJ, eine Art Michael Buffer ohne Haare, moderierte alle Hochzeitsteilnehmer, inklusive Rabbi, auf Box-Art an. Es hätte mich nicht überrascht, wenn er auch noch »Let's get ready to rumble« gebrüllt hätte und der Bräutigam im Bademantel zu »Eye of the tiger« aufmarschiert wäre. Nachdem alle im Ring, äh, unterm Hochzeitsdach (genannt Chuppa) eingetroffen waren, rappte der Rabbi los. Und wer ihn dreimal hörte, war nicht betrunken, sondern wurde Zeuge eines faszinierenden Echoeffekts, den man sonst nur von Propagandaveranstaltungen der Hamas kennt. »Willst du uh uh uh, Eyal al al al, die hier ir ir ir …«

Da es für Israelis zu viel verlangt ist, länger als zwei Minuten konzentriert zuzuhören, wurde die Zeremonie immer wieder von lauter Partymusik unterbrochen, die Gelegenheit zu unkontrollierten Bewegungen bot. Die Braut sah währenddessen aus, als müsste sie sich übergeben, und der Bräutigam schwitzte in sein silbernes Glitzerhemd. Um die Tanzfläche herum saßen junge Männer, die Goldketten und leicht bekleidete Mädchen angelegt hatten. Mein wunderbarer Lebensbegleiter tänzelte mit vorgetäuschtem Mafiosoblick zwischen ausladend mit Essen eingedeckten Tischen hin und her, für ihn war ein Traum wahr geworden. Der Rabbi rappte immer weiter. Die Situation hätte trotzdem normaler nicht sein können, denn israelische Hochzeiten sind mitunter so.

Ich war schon auf einigen und habe einiges gesehen. Von der betrunkenen Braut, die in den Pool fiel, bis zum jemenitischen Volkstanz. Hochzeiten sind ein groß geplantes Business hier, fast jeder hat einen Wedding Planer. Und natürlich orientiert man sich in der Umsetzung des Events, wie mit allem, an der amerikanischen Art. Eines jedoch ist ein-

zigartig: Wenn sich der erste Gast in ein Känguru verwan-
delt, weiß man, wo man ist. Es ist fast wie nach Hause kommen. Beim nächsten Mal werde ich statt einer Handtasche
ohne Henkel ein Didgeridoo mitnehmen. Und dann mache
ich einen Bauchtanzkurs.

Freier-Frei

Die größte Angst der Israelis: ein Freier sein. Oder wie Benny Ziffer von der israelischen Zeitung *Haaretz* es ausdrückt: »Kein Freier zu sein ist das elfte Gebot der Israelis.« In einem bekannten Lied der berühmten israelischen Hip-Hop-Band »Hadag Nachash« heißt es »Wir sind ganz sicher, ganz sicher keine Freier.« Freier sein ist die Todsünde!

Trotzdem kann man Freier sehen im Freier-freien Land: Touristen und Neu-Einwanderer. Freund A. zum Beispiel kommt aus New York. Er sagt »bitte« und »danke« – ein Freier! Bekannter F. kam aus Kanada und sagte immer »Entschuldigung«, bevor er jemandem ins Wort fiel – auch ein Freier! Freund T. wohnt eigentlich in Deutschland. Er versuchte mit seinem israelischen Arbeitgeber in ruhigem Ton ein Problem zu besprechen – Freier! Mein wunderbarer verdeutschter Lebensgefährte las neulich die Bedienungsanleitung für die Spülmaschine – Freier! Und als ich mich einst noch vernünftig in eine wartende Schlange stellte, sah ich in den Augen der Israelis nur einen Gedanken: Was für eine Freierit!

Das Wort kommt aus dem Jiddischen und hat weniger mit bezahlten Intimitäten zu tun. Nein, ein Freier ist ein Trottel. Jemand, der sich etwas gefallen lässt. Einer, der sich zum Narren halten lässt. In Israel nicht nur ein Wort, sondern ein kulturelles Symbol. Doch die meisten Immigranten verstehen das ganze Freier-Konzept anfangs nicht. Weswegen sogar im Sprachkurs »Ulpan«, wo alle Neu-Israelis früher oder später auflaufen, darüber gesprochen wird. Wenn ihr in Israel ankommen wollt, dürft ihr keine Freier sein. Für viele hier ist das ein Aha-Moment. Plötzlich verstehen sie die Verhaltensweisen der Alteingesessenen. Warum sie einen nicht aus dem Bus aussteigen lassen, warum sie in Flugzeuge und Theater drängeln, obwohl es doch Platzkarten gibt. Warum sie beschleunigen, wenn sie sehen, dass ein Auto vor ihnen einfädeln will. Das Freier-Phänomen zu begreifen und zu verinnerlichen ist der erste Schritt zur Integration.

Auch die israelische Wissenschaft beschäftigt sich mit dem Kuriosum. Dr. Linda-Renee Bloch von der Bar-Ilan-Universität hat sogar eine Erklärung für das komische Verhalten: In der Diaspora waren die Juden stereotypisch assimiliert, zurückhaltend und intellektuell. Sie saßen blass und unsportlich mit dicken Brillen hinter noch dickeren Büchern. Gebildet, aber nicht wehrfähig. Bereits Ende des 19. Jahrhunderts entwickelte der Zionist Max Nordau ein Gegenkonzept zu diesem »Talmudjuden«: das »Muskeljudentum«. Der Arzt rief die Juden dazu auf, mehr Sport zu machen. Nordau verstand das als einen wesentlichen Beitrag zur Realisierung des zionistischen Plans. Man sollte sich endlich wehren gegen all die Unterdrückung und Pogrome. Man sollte endlich kein Freier mehr sein!

Und so kam es, dass im frisch gegründeten Israel vor allem eins zählte: körperliche Kraft und Arbeit, während intellektuelle Eigenschaften erst einmal auf Eis gelegt wurden. Das ging natürlich gut mit dem Sozialismus einher, den viele Neu-Israelis in Kibbuzim realisieren wollten. Doch während dieser längst flächendeckend dem amerikanischen Kapitalismus gewichen ist, ist die Angst, ein »Talmudjude« zu sein, geblieben. Die tiefe Furcht vor Unterdrückung. Selbst israelische Politiker verhalten sich dementsprechend: »Wir sind keine Freier. Wir geben nichts, ohne etwas zu bekommen«, sagte Benjamin Netanjahu einst.

Die Freier-Angst ist längst im israelischen Alltag angekommen. Wichtigster Bestandteil des Freier-freien Lebens ist übrigens die Nutzung von »Kombina«. Kombina nennen die Israelis Abkürzungen jeder Art. Wenn sie etwas schneller, billiger oder unkomplizierter bekommen können. Wenn sie nicht der Trottel sind, der sich hinten anstellt.

Interessanterweise ist das Freier-Phänomen das Einzige, worin sich Amerikaner und Israelis komplett und bewusst unterscheiden, wie ich neulich von Freundin R. aus San Francisco lernte: »In Amerika bist du ein Freier, wenn du deine Stereoanlage aus irgendeinem Kofferraum in der Vorstadt kaufst. In Israel bist du es, wenn du nichts von diesem Kofferraum gewusst hast.«

Ich, Es und Über-Ich

Ich fühle mich in Israel manchmal nicht wie ich selbst. Das liegt an verschiedenen Dingen.

Vor einigen Tagen fuhr ich mit dem Fahrrad die sehr große Straße Ben Yehuda in Tel Aviv entlang. Das hat auch deshalb eine gewisse Symbolik, weil dieser Weg mich zu meinem Sprachkurs führt und Eliezer Ben-Yehuda der erste Mensch war, der im Alltag Hebräisch gesprochen hat. Niemand in seiner Familie sprach die damalige Sakralsprache, als er beschloss, nur noch Hebräisch zu sprechen. Wahrscheinlich war der Rest der Familie froh, als sie den verrückten Alten nicht mehr verstehen konnten. Ich finde es in Israel auch oft sehr entspannend, einfach abzuschalten und die vielen Diskussionen um mich herum zu einem Geräuschebrei werden zu lassen. Niemand sollte sich jedoch von dieser vordergründigen Ruhe täuschen lassen, denn in mir brodelt es.

Das erste Mal, als mir dies klar wurde, war also auf der Ben-Yehuda-Straße.

Man muss dazu wissen, dass Fahrradfahrer in Tel Aviv von anderen Verkehrsteilnehmern gerne übersehen werden. Viele Israelis fahren auch erst seit wenigen Jahren auf Zweirädern durch die Stadt, und dementsprechend schwanken und wackeln sie auf den Gehwegen. Ich habe mich schon mehrmals für Stützräder ausgesprochen, aber das israelische Volk ist stolz. Wenn man aber nun wie ich seit frühesten

Kindheitstagen auf dem Bock sitzt, kann man nicht wie alle anderen auf dem Fußgängerweg gurken. Und da es keine Fahrradwege gibt, bleibt nur der Weg auf die Fahrbahn.

Auf den israelischen Straßen verwandele ich mich jedoch zusehends in Rumpelstilzchen. Vor einigen Wochen brüllte mich ein dunkler Haarschopf aus einem Beifahrerfenster an. Wahrscheinlich wollte er, dass ich von der Straße verschwinde, vielleicht war es aber auch ein Kompliment, das weiß man hier nie. Um auf Nummer sicher zu gehen, zeigte ich ihm meinen Mittelfinger und schrie nicht wiederholbare deutsche Wörter zurück. In Deutschland hätte ich mich in Grund und Boden geschämt für eine solche Aktion, hier wird mir dafür Respekt entgegengebracht. Mein Widersacher reagierte fröhlich lachend. Gestern dann nahm mir ein Taxifahrer die Vorfahrt. Angestachelt verfolgte ich ihn durch die halbe Stadt. Als er endlich anhielt, raste ich an sein Beifahrerfenster und schlug wild gegen die Scheibe. Das Ganze untermalte ich wiederum mit deutschen Nettigkeiten und israelischer Gestik. Ich bilde mir ein, seine Reaktion war ein anerkennendes Nicken.

Ich verwandle mich aber nicht nur in ein triebgesteuertes deutsch-israelisches Rumpelstilzchen. Neulich war ich auch mal eine orthodoxe Frau. Anlass dafür war ein Treffen mit dem Chefrabbiner einer Synagoge in Tel Aviv. Es handelte sich dabei um eine orthodoxe Synagoge, und mein Über-Ich bestand auf Einhaltung des Dresscodes. Also kombinierte ich einen bodenlangen Rock mit langärmligem Oberteil. Bereits nach vier Minuten auf dem Fahrrad merkte ich, dass es nicht leicht ist, orthodox zu sein. Schweißtropfen rannen mir die Stirn und an den Beinen hinunter. Auch der Versuch, den Rock weit oben zuzuknoten, brachte nicht viel Besserung. Als ich schließlich beim Rabbiner ankam, sah ich aus, als wäre ich direkt aus der finnischen Sauna gekommen. Ich musste an die Schwulensaunas denken, von denen mir neulich Freund A. erzählte, während ich mit dem Rabbi sprach. Wer war ich?

Es wird immer schwieriger, mein »ich« zu definieren. Denn seit Kurzem bin ich auch noch der Jay Leno von Israel. Vor ein paar Wochen begann ich, für eine israelische Zeitung zu schreiben. In dieser Zeitung werden alle Autoren mit einer Art Karikatur illustriert. Zumindest glaube ich, dass es Karikaturen sein sollen. Denn das Portrait, das ich an den Illustrator geschickt hatte, zeigte mich als attraktive, junge Frau. Das Bild, das schließlich in der Zeitung abgebildet war, ähnelte stark einer hellblonden Neandertalerin mittleren Alters. Zumindest dachte ich das, bis meine amerikanische Freundin R. mich darauf hinwies, dass ich, wenn überhaupt, ein blonder weiblicher Jay Leno sei. Mittlerweile habe ich auch im richtigen Leben das Gefühl, mein Kinn wächst und wird mehr und mehr gesichtsdominant. Vielleicht verwandle ich mich tatsächlich in einen ungehobelten Urmenschen. Wahrscheinlicher aber bin ich eine orthodoxe, rumpelstilzende Jay-Leno-Karikatur. Ich bin der israelische Wolpertinger.

Cats and the City

Ich bin ein großer Tierliebhaber. Schon als Kind konnte ich an keinem frei laufenden Kätzchen vorbeilaufen, ohne Futter zu besorgen. Meine Freundin S., mit der ich zusammen in Indien war, wird bezeugen können, dass sich kontinuierlich vier bis fünf Hunde auf unserer Strandhüttenterrasse tummelten. Selbst nachdem sie uns jede Nacht kläffend die Ruhe nahmen und sich mehrmals auf dem Balkon erbrachen, war es mir nicht möglich, sie wegzuschicken. Sie lagen auf meinem Handtuch, ich lag im Sand. Ich liebe Tiere eben.

Meine Tierliebe wird in Israel auf eine harte Probe gestellt. Tel Aviv ist sozusagen ein wahr gewordener »Andrew Lloyd Webber«-Horror. Drei Millionen Straßenkatzen gibt es in Israel. Ich glaube, sie leben fast alle in der City. Es ist unmöglich, an mehr als drei Häusern vorbeizukommen, ohne eine Straßenkatze zu sehen. Die meisten scheinen wohlgenährt und einigermaßen gesund. Außer in der Tschernikowsky-Straße. Die ist wie die Bar 25 in Berlin. Oder die Reeperbahn in Hamburg. Dort hängen all die fertigen Katzen rum.

Im Frühjahr ergab es sich dann, dass all die Streunerkatzen Nachwuchs bekamen. Als ich das erste Grüppchen tapsiger Fellbündelchen sah, wusste ich, bald würde ich das Füttern beginnen. Mein wunderbarer Lebensbegleiter hasst Menschen, die Katzen füttern. Das liegt nicht daran, dass er ein allgemeiner Tierhasser ist. Nein, ein Naturkundler erzählte ihm einst, dass die Massen an Katzen einen seltenen Vogel in Israel fast ausgerottet haben. Die israelische Natur ist aus dem Gleichgewicht. Ihm als Patrioten geht das besonders nah.

Ich fütterte trotzdem. Auslöser waren Katzenbabys, die nun auf dem Grundstück unseres Mehrfamilienhauses herumtollten. Ich ignorierte sie einige Tage, bevor sie mich mit lautem Maunzen und Miauen in die Knie zwangen. Bewaffnet mit meiner Katzen-Überlebungsausrüstung (enthält laktosefreie Milch, Wasser und zwei Schälchen) machte ich mich auf, um Gutes zu tun. Die Mutter der Kätzchen stoppte mich. Sie sah aus wie eine Hyäne. Ich habe noch nie in meinem Leben eine so gemein und fies aussehende Katze gesehen.

Mein Mitleid war geweckt. Noch am gleichen Tag ging ich Katzenfutter für die fiese Katze kaufen. Schließlich, so meine Logik, musste die Mutter wohlgenährt sein, um die Kleinen durchzubringen.

Die erste Fütterung verlief in etwa wie die letzte »Siegfried und Roy« – Show. Ich platzierte das Schälchen, die fiese Katze kam, und als ich das Schälchen weiter auffüllen wollte, kratzte sie mich blutig. Ich werde ihren Blick dazu nicht vergessen. Er verfolgt mich seitdem in meinen Träumen. Das Blut lief an mir herunter, und ich ergriff die Flucht. Nachdem ich mit Sicherheit sagen konnte, dass ich *nicht* an der Katzenkrankheit (die gibt es tatsächlich!) sterben würde, redete ich mir gut zu, dass die fiese Katze wahrscheinlich einfach Angst hatte, ich würde ihr das Futter wieder wegnehmen. Ich hatte die Logik einer geschlagenen Frau.

Einige Tage nach dem Angriff der fiesen Katze wollte ich

im Hof mein Fahrrad abschließen. Ich öffnete die Tür zum Hof. Die fiese Katze saß circa zehn Meter von mir im Sand. Als sie mich sah, rannte sie auf mich zu. Sie sah immer noch aus wie eine Hyäne. Sie wollte die Sache mit mir zu Ende bringen. Uns trennten zehn Meter. Sie setzte an zum Sprung.

Ich konnte gerade so entkommen. Ich hatte Angst vor einer Katze. Es war die fieseste Katze, die ich je gesehen habe, aber sie war bei Tageslicht betrachtet doch eher klein. Und zierlich. Während ich mich, meines Fahrrads beraubt, schwitzend durch die Stadt schleppte, fragte ich mich wütend, was ich mir dabei nur gedacht hatte. Es war nur eine Katze. Und kein Löwe im Kostüm.

Als Psychologin weiß ich jedoch, dass Ängste irrational sein können. Mein Freund füttert nun die fiese Katze. Er sagt auch, dass sie sehr gemein aussieht. Vielleicht will er mich nur nicht zusätzlich aufregen. Manchmal luge ich über unsere Balkonbrüstung und sehe sie. Sie lauert im Gebüsch wie ein Löwe vor einer Herde Zebras.

Ich gehe nur noch wenig aus dem Haus in der letzten Zeit. Meine Tierliebe jedoch ist ungebrochen. Auch Roy sagte im Rollstuhl sitzend, der Tiger wollte ihm nur helfen. Ich verstehe ihn.

Kälteeinbruch

Ich glaube nicht an Zufälle. Jeder bekommt das, was er verdient. Ich werde in Israel den Kältetod sterben. Wie lange es dauert, weiß man nicht. Aber der Sensenmann steht schon im Anorak mit ausgestreckten Armen bereit und wartet auf mich.

Ich will auch gerne erzählen, wie es dazu kam. Israel ist heiß. Im Sommer sogar brüllend heiß. Einen richtigen Winter gibt es eigentlich nicht. Die Jahresdurchschnittstemperatur in Tel Aviv liegt bei circa 20 Grad. Die Sonne scheint fast täglich. Momentan strahlt der Juni, und das Thermometer auf der Terrasse zeigt 28 Grad an.

In meinem Sprachkurs sitzen wir mit Sweatshirts, die wir uns bis zur Nase hochziehen. Der eine oder andere dachte in letzter Zeit öfter laut über Schals und Mützen nach. Es ist sehr kalt in unserem Klassenzimmer. Eisiger Wind weht uns aus der Klimaanlage entgegen. Unsere Lehrerin stört das nicht. Sie liebt es kalt und würde am liebsten nackt unterrichten, weil es ihr immer noch viel zu warm ist. Sie ist Israelin. Wir nicht. In jeder Unterrichtseinheit geht unser Kampf um menschengerechte Temperaturen im Klassenzimmer von Neuem los. Wir drehen die Klimaanlage herunter. Sie dreht sie auf. Wir öffnen Türen und Fenster für warme Luft. Sie bemerkt die Sabotage blitzschnell und droht mit Unterrichtsabbruch.

Doch das ist nicht alles. Vor Kurzem war ich mit 700 Israelis und meiner Schwiegerfamilie auf einem Schiff nach Zypern. Beim Kofferpacken warnte mein Lebensbegleiter mich noch, mehr dicke Sachen mitzunehmen. Ich lächelte und wiederholte mehrmals, dass es in Zypern genauso warm sei wie in Israel. Ich hatte meine Rechnung ohne den Sensenmann gemacht.

Nachmittags aalten wir uns gemeinsam auf dem Schiffsdeck bei 30 Grad am Pool. Abends traf man sich im Unterhaltungskühlschrank, um Musicals zu genießen. Bei minus drei Grad.

Nun mag man mir unterstellen, dass ich zu Übertreibungen neige. Aber in diesem Fall war es sogar den Israelis kalt. Mein Freund machte bei jedem Kabinenbesuch zehn bis 20 Liegestützen. Er bereitete sich wohl auf das Schlimmste vor. Die Hälfte der Besatzung war russisch, nur sie können bei diesen Temperaturen noch arbeiten.

Allabendlich schlotterten wir mit Tüchern und Schals bewaffnet zum Speisesaal. Wir sahen aus wie Beduinen aus der Negevwüste. Ich zitterte am meisten. Meine israelische Familie machte mich mehrmals darauf aufmerksam, dass ich doch aus einem viel kälteren Land käme und daher gar nicht frieren dürfte. Ich antwortete nur müde mit klappernden Zähnen. Sie sahen mich an wie eine Betrügerin. Und vielleicht war ich das. Ein Schaf ohne Wolfspelz. Wahrscheinlich habe ich den Kältetod verdient.

Falscher Alarm

Stell dir vor, es ist Krieg, und keiner geht hin. Jetzt, wo ich dieses überstrapazierte Zitat nicht mehr hören kann, könnte es tatsächlich Wirklichkeit werden. Das kam so: Jährlich werden in Israel landesweit Kriegsübungen durchgeführt. Jeder sucht dann den nächstgelegenen Bunker aus einer Liste heraus, und wenn der Bombenalarm ertönt, muss man innerhalb von zwei Minuten dorthin flitzen, um in theoretischer Sicherheit zu sein. In diesem Sommer sprachen alle von einem Krieg. Es war mal wieder Zeit. 2006 Libanon, 2008 Gaza und 2010?

Dass der israelische Staat eine ausführliche Übung anordnete und in Fernsehspots für die Überprüfung sämtlicher heimischer Antikriegsausrüstung wie Gasmasken warb, half meinem Friedensvertrauen nicht gerade. Ich bin ja sowieso von Natur aus etwas ängstlich, und in Kombination mit meinem pedantisch-genauen Lebensfreund ergab es sich, dass wir uns akribisch auf die Kriegsübung vorbereiteten. So suchten wir den nächstgelegenen Bunker heraus, besprachen den Laufweg und legten die Stoppuhr bereit.

Am Tag der Tage stellten wir dann fest, dass wir wohl die Einzigen in der Stadt waren, die das Ganze ernst nahmen. Während wir wie aufgescheuchte Hühner durch die Straßen sprangen, saßen unsere Nachbarn entspannt auf ihrem Balkon. Dass das Café an der Ecke gut besucht war, konnte ich gerade so im Vorbeiflug erkennen. Wir aber rannten und rannten, um schließlich vor einem verschlossenen Luftschutzraum zu stehen. Auf unseren wütenden Anruf beim Ordnungsamt reagierte die dortige Dame seelenruhig mit den Worten, wir sollten das Ganze mal nicht so ernst nehmen. Es handele sich schließlich nur um eine Übung.

Typisch Tel Aviv. Krieg ist hier einfach nicht angesagt. Als Anfang der 90er-Jahre irakische Scud-Raketen auf die Stadt prasselten, standen die Tel Avivis auf den Dächern und bestaunten das Feuerwerk. Und nach jedem noch so verheerenden Terroranschlag sah man nur Tage später wieder volle Cafés, Restaurants und Busse. Böse Zungen nennen die weiße Stadt am Mittelmeer deswegen »die Blase«. Ich glaube, das ist lediglich der Neid auf ein normales Leben, wie es im restlichen, echten Israel kaum möglich ist. In vielen Städten spielen Kinder auf unterbunkerten Spielplätzen. Im Norden kommen Raketen der Hisbollah angefegt, im Süden der Hamas. Und Jerusalem, Jerusalem ist sowieso der unnormalste Ort der Welt.

Ich habe mehrmals versucht, mit diesem Jerusalem warm zu werden. Es will mir nicht gelingen. Zwar glaube ich, dass sich die Welt in dieser einen Stadt erklären lässt, und weiß als Berlin-Liebhaber geteilte Orte mit Historie und Konflikten durchaus zu schätzen. Aber Jerusalem, nein, das ist einfach zu hart. Die Stadt ist für mich als Journalistin in Israel wie eine unangenehme Person, die man nicht leiden kann, mit der man aber zusammenarbeiten muss. Deswegen ist man nett, versucht aber eigentlich immer, so schnell wie möglich wieder weg zu kommen.

Schon wenn ich mit dem Bus in die Stadt hineinfahre, beschleicht mich dieses Bedürfnis nach Flucht. Überall spazieren Religiöse aller Richtungen. In schwarzen Gewändern, verhüllt oder perückt (ultra-orthodoxe Frauen tragen Perücken, um ihr Haar nicht zu zeigen). Die Stimmung ist ungefähr so friedvoll wie vor einem Hansa-Rostock-Spiel. In Jerusalem treffen die Streithähne des politischen Konflikts täglich aufeinander. Und alle sind so unendlich unentspannt.

Zwar ist auch Tel Aviv von den Akteuren nicht einmal 30 Autominuten entfernt, aber in der Stadt selbst sind die Welten zwischen arabischen und jüdischen Israelis getrennt wie nirgendwo. Paradoxerweise leben übrigens viele »Linke«, die für die Rechte der arabischen Israelis und Palästinenser kämpfen, in Tel Aviv. Also dort, wo sie am weitesten von der politischen Realität entfernt sind. Ich verstehe sie ja sogar. Tel Aviv ist ein Hort der Entspannung, verglichen mit dem unangenehmen Kollegen. Jerusalem, diese Stadt liegt wie ein Stein auf meinen Schultern.

Nur einmal hatte ich ganz kurz überlegt, meine Meinung über die israelische Hauptstadt zu ändern. Ich hatte einen schönen Spaziergang durch die deutsche Kolonie und die Fußgängerzone Ben Yehuda gemacht. Und überrascht festgestellt, dass es auch normale Menschen in der Heiligen Stadt gibt.

Zehn Minuten später hatte ich eine Dose Pfefferspray im Gesicht, als ich zwischen streitende Juden und Araber geriet. Das war es dann. Zurück nach Tel Aviv. Dorthin, wo man die Neuigkeiten über Israel wie jeder andere aus den Nachrichten erfährt. Wo das Leben noch unreal sein darf und Hedonismus und nicht Außenminister Lieberman das Sagen hat. Wo der Schwulenstrand neben dem der Orthodoxen liegt und Bunker als Partystätten genutzt werden. Ich persönlich habe Krieg sowieso noch nie gemocht, und bei der nächsten Übung bringe ich eine Tröte und Luftschlangen mit.

Die Gretchenfrage

Im bedeutendsten Werk der deutschen Literatur fragte ein junges Mädchen einst: »Nun sag, wie hast du's mit der Religion?« Eine Frage, die heute in Deutschland praktisch ausgestorben ist. Wenn ich genau darüber nachdenke, weiß ich bei der Hälfte meiner deutschen Freunde nicht einmal genau, was ihre Hausreligion ist, sofern sie denn eine haben. In Israel ist das anders. Hier ist das Weltbild Goethes noch angesagt. Und so kann ich nicht zählen, wie oft ich diese eine Frage gehört habe, seitdem ich hier bin. Die einzige und erste Frage, die alle stellen: »Bist du jüdisch?«

Es ist ja nicht so, dass ich nicht verstehen kann, wo diese Frage herkommt. Viele Israelis können einfach nicht nachvollziehen, warum man als Europäer nach Israel kommt, wenn man keinen Bezug zum Judentum hat. Trotzdem. Mein ganzes Leben lang hat Religion keine Rolle gespielt. Ich bin doch aus dem Osten. Ich bin nicht getauft, meine Mutter ist es auch nicht. Mein Vater ist vor Jahrhunderten aus der Kirche ausgetreten. Meine Oma ging als Einzige in der Familie gelegentlich in ein Gotteshaus, aber ich weiß noch, wie ich das schon als Kind komisch fand. In der Pubertät hatte ich eine kurze Phase, in der ich das Vaterunser auswendig gelernt habe und allabendlich vor mich hin flüsterte. Aber wahrscheinlich wollte ich nur, dass dieser Junge aus der Zwölften mich endlich anguckt.

Religion ist für mich nicht mehr als ein Konzept gewesen. Doch seit meinem Umzug nach Israel ist alles anders. Eigentlich schon, seitdem ich vor fünf Jahren am Strand in Indien diesen schneidigen Israeli kennenlernte, der mir bei unserem vierten Date sagte: »Ich will, dass meine Kinder jüdisch sind. Das ist mir wichtig. Dafür brauchen sie eine jüdische Mutter. Das wärst dann du.« Seitdem hat sich das mit dem lockeren Verhältnis zu Religionen erledigt. Religion ist die Gretchenfrage geworden. Man verlangt ein Bekenntnis von mir. Denn selbst die unkoschersten Juden (und davon gibt es in Israel fast mehr als in der Diaspora) heiraten am Ende meistens eine Jüdin. Das nennen sie dann aber nicht Religion, sondern Tradition.

Für mich kommt es auf das Gleiche raus. Es ist eine Abgrenzung. Eigentlich ein Symbol dessen, was mich an Religionen stört. Dieses unerträgliche Cliquen-Denken. Doch wenn es nur so einfach wäre. Denn ich kann durchaus verstehen, warum es so ist. Das Judentum ist die kleinste der Weltreligionen (vor allem, weil es nie missioniert hat). Außerdem ist es die Weltreligion, die am meisten von allen verfolgt wurde und wird. Sie zu erhalten ist etwas über Generationen hinweg Erlerntes für ihre Angehörigen.

»Mein Rabbi sagte mir einmal: ›Du hast erst dann alles richtig gemacht, wenn auch deine Enkelkinder jüdisch sind‹«, hörte ich vor einigen Jahren eine ältere Dame in der Jüdischen Gemeinde in Berlin sagen. Ich war wütend. Was für ein Unsinn. Richtig gemacht hat sie es dann, wenn es gute Menschen sind. Man ist doch nicht richtig oder falsch, weil man Jude ist oder nicht. Diese ältere Dame hatte den Holocaust überlebt. Sie hat ihren Glauben durch alle menschlichen Abgründe gerettet. Wahrscheinlich will sie nicht, dass es umsonst war. Wahrscheinlich will sie nicht, dass das Judentum am Ende doch ausstirbt, weil zu wenige Mütter an den richtigen Gott glaubten.

Viele Israelis sind nicht besonders religiös. So tragen fast alle Tätowierungen, obwohl das nach jüdischem Glauben verboten ist. Sie essen Schwein und mischen Fleisch- und Milchprodukte. Sie scheren sich nicht um den Sabbat. Und fasten nicht an Jom Kippur. Aber sie müssen das auch nicht, denn sie sind als Juden geboren. Ich hingegen bin Heinrich Faust. Nicht Fisch, nicht Fleisch. Und schon gar nicht kosher.

Doch neulich wurde ich von einem Rabbi zum Äußersten getrieben und ließ mich zu der Notlüge hinreißen, dass ich Jüdin sei. Ich fand das unglaublich verwerflich und schämte mich im Nachhinein. Mein wunderbarer Lebensgefährte verstand die Sorge nicht. »Ach komm, eine kleine Notlüge«, sagte er. »Was fragen die auch immer so doof.« Ich hingegen fühle mich heute noch schlecht, wenn ich daran denke. Wahrscheinlich bin ich tief in mir drin schon längst päpstlicher als der Papst.

Tot und Meer

Ich liege hellwach bei 45 Grad um fünf Uhr morgens in einem kleinen Zelt am Toten Meer. Ein kleines Viereck im orangenfarbenen Polyester links über mir lässt gerade so etwas Luft herein. Ansonsten ist es stickig. Dazu surren Mücken um mein Ohr. Wir befinden uns 400 Meter unter dem Meeresspiegel im Jordangraben. Angeblich soll das hier das Wellnesszentrum von Israel sein. Der Ort, an den man fährt, um in einen Jungbrunnen zu tauchen und gut erholt mit weicher Babyhaut in sein anstrengendes Leben zurückzukehren. Die harte Augustsonne brennt auf unser Igludach, wir liegen wie die Flundern platt auf unseren Isomatten, Arm an Arm, Schweiß an Schweiß. Wären wir Blumen, würde uns dieses Treibhaus vielleicht guttun. Aber den Jungbrunnen für Menschen habe ich mir irgendwie anders vorgestellt.

An allem ist mein heute nicht ganz so wunderbarer Lebensfreund schuld. Er hätte wissen müssen, dass man im August, im Hochsommer, überall hinfahren kann – nur nicht ans Tote Meer. Stattdessen kam er vor wenigen Tagen mit der Idee nach Hause, ein Wochenende im Biankini-Club zu verbringen. Die Internetseite versprach Indien-Flair und Entspannung am Wasser. Als wir schließlich nach kurvenreicher, langer Fahrt auf dem Parkplatz des Ressorts ankamen, stellten wir zu unserer Überraschung fest, dass wir das einzige Auto mit gelbem israelischem Nummernschild waren.

An allen anderen Vehikeln hingen grüne Plaketten. Grün bedeutet unter palästinensischer Autorität. Wir waren offensichtlich im Lieblingshotel von Bewohnern der palästinensischen Autonomiegebiete gelandet. Kein Wunder, liegt das Westjordanland doch nur fünf Kilometer entfernt von hier. Trotz deutlicher Skepsis meines israelischen Begleiters betraten wir, fest entschlossen zu bleiben, das Ressort. In Israel kämpft man ja ständig gegen aufkeimenden Rassismus gegenüber den manchmal sogenannten Feinden an. Ich versuchte also das unwohle Gefühl, als einzige sommerlich gekleidete Frau mit offenen Haaren durch ein Meer von Verhüllten zu laufen, zu unterdrücken. Fünf Minuten später hasteten wir eiligen Schrittes zurück in unser Auto mit gelben Kennzeichen.

Jetzt blieb uns nur noch das Zelt. Es war spät und dunkel. Wir waren über zwei Stunden an den äußersten Zipfel im Norden des Toten Meeres gegurkt und brauchten dringend einen der Zeltplätze, die eher im Süden lagen. Während wir unser Zelt auf dem erstbesten Platz zusammenbauten, dröhnte uns von links arabische und von rechts russische Musik in die Ohren. Auch das Lagerfeuer, vor dem wir so romantisch sitzen wollten, war nicht so einfach zu entfachen, wie wir dachten. Versuchen Sie einmal, im Hochsommer in der Wüste Holz zu finden. Mein Begleiter hätte es wissen müssen. Doch er schaute nur stumm in unsere drei brennenden Stöcke. In der Hand sein Taschenmesser. Er legte es die ganze Nacht nicht aus der Hand. Gott allein weiß, wovor er Angst hatte.

Und dann war die eh schon äußerst unruhige Nacht (ich erinnere: russischer Techno und arabische Popmusik) um

fünf Uhr früh vorbei. Die stickige Luft im Zelt unerträglich. Der Sonnenaufgang umso schöner. Wenn das noch ge-
holfen hätte, denn ich war nur müde und angestrengt. Mein
Wunderbarster ist normalerweise voller toller Einfälle, wie
man so einen Tag in seinem Heimatland retten kann. Es war
nicht sein Tag. 20 Minuten später schleppte er mich durch
die Wüste auf der Suche nach erfrischenden Quellen, von
denen er »irgendwann einmal gehört hatte«. 50 erfolglose
Minuten später krochen wir nach Masada. Keine Quellen,
dafür noch mehr Hitze. Der Masada-Berg, auf dem einst die
berühmte jüdische Festung stand, steht symbolisch für den
jüdischen Freiheitswillen. Vor 1938 Jahren starben hier 973
Sikarier den Freitod, um nicht in die Hände der römischen
Eroberer zu fallen.

Mich hatte man, so schien es mir, hierhergebracht, um den
Hitzetod zu sterben. Immerhin brüteten wir nun noch weitere 300 Meter näher an der Sonne als in unserem Zelt. Es
gab keinen Fleck Schatten, nur alte Steine, die Sonne knall-
te gnadenlos auf unsere Häupter. »Masada darf nie wieder
fallen«, proklamieren die jüdischen Streitkräfte gerne. Das
Einzige, was hier noch fiel, war mein Blutdruck. Kurz vor
dem Sonnenstich ruckelten wir mit der Seilbahn zurück in
Richtung Wasser. Ich wollte nur noch ins kühle Nass. Ein
bisschen Erfrischung.

Das Tote Meer fühlte sich an wie heißes Öl. Als würde
man langsam in eine heiße Bratpfanne gleiten. In meinem
Kopf tönten die Stimmen von all den Tote-Meer-Begeis-
terten. Sie erzählten, wie wahnsinnig erholt sie nach Hause gekommen seien. Die Haut weich wie ein Babypopo. Die
Seele wie vom Meeresschlamm gereinigt. Mit dahinsiechen-

der Kraft schleppte ich mich zur Stranddusche. Der Himmel über mir drehte sich bereits. Ich hatte nur noch einen letzten tröstenden Gedanken. Immerhin weiß ich jetzt, warum sie es das Tote Meer nennen.

Olé

Im Sommer passierte etwas Eigenartiges. Ich wurde zur deutschen Fußballexpertin in Israel.

Es ist nicht so, dass ich Fußball wie andere Frauen totalitär ablehne. Außerdem war ich als Kind manchmal mit Vater und Bruder bei Hansa-Rostock-Spielen. Aber das kann ja nun in Israel wirklich kein Argument sein. Denn ehrlich gesagt, habe ich von Fußball ungefähr so viel Ahnung wie vom Fischezüchten. Ich weiß, was möglich ist, aber wenn etwas nicht funktioniert, habe ich keinen Schimmer warum.

In Israel ist man zum Glück sehr flexibel, was die Berufswahl angeht. Die dreijährige Berufsausbildung, wie sie in Deutschland üblich ist, gibt es ja sowieso kaum irgendwo auf der Welt. In Israel scheinen die Leute außerdem ihre Berufe häufig zu wechseln. Ein gutes Beispiel dafür sind die örtlichen Supermarktkassierer. In Deutschland hat sich ja eine Art »Waren über den Scanner ziehen«-Wettrennen etabliert. Die Damen und Herren bei Lidl zum Beispiel schaffen circa 40 Produkte pro Minute, las ich neulich.

In meiner »Schufersal«-Filiale hier um die Ecke ist das nicht so. Vielleicht haben die Kassierer dort vorher als Buchhändler gearbeitet. Oder Yogalehrer. Auf jeden Fall haben sie etwas gemacht, das sehr viel Ruhe und Bedacht erfordert. Denn während deutsche Kassierer wie Wieselchen oder Ameisen oder noch besser Bienchen auf ihrem Kassenstuhl herumflattern, ähneln die Israelis eher den Tapiren. Sie erheben sich schwerfällig, wenn mal ein Preis nicht richtig angebracht oder das Kleingeld alle ist, und schleppen sich dann ganz langsam quer durch den Markt, um Preis oder Wechselgeld zu besorgen.

Ich spiele da nicht mit! Bei jedem Supermarktbesuch tänzle ich nervös vor der Kasse herum. Manchmal frage ich auch direkt und ohne Umschweife, ob es bitte etwas schneller geht. Das hält die oder den Kassierer aber nicht davon ab, mir am Ende noch alle 130 Sonderangebote ganz in Ruhe vorzutragen. Da ich ein sehr hektischer Mensch bin, stehe ich deswegen bei jedem Einkauf kurz vorm Schlaganfall. Doch das ist noch nicht alles.

Auch der Elektriker, den wir neulich im Haus hatten, muss in seinem früheren Leben in Moldawien etwas anderes gemacht haben. Denn als auf der Straße ein kleiner Autounfall passierte, rannte er geradewegs mit Bohrer bewaffnet die Treppen runter und schraubte die abgefahrene Frontverkleidung mit gekonnten Handgriffen schnell wieder an. Dann erklärte er uns, wir wären gar nicht geerdet gewesen. Wahrscheinlich war der vorherige Elektriker Klempner. Noch immer funktioniert die Hälfte unserer Steckdosen nicht. Unprofessionalität ist keine Seltenheit hier.

Die Israelis nennen das übrigens Improvisationskunst. Aber de facto heißt es, dass viele Menschen einfach keine Ahnung von dem haben, was sie tun. Meine Apothekerin zum Beispiel war früher mal Friseuse. Jedes Mal, wenn ich zu ihr komme, kann sie mir zwar nicht sagen, was gegen dies oder jenes hilft, aber immer bietet sie mir ein neues Haarpflegemittel an.

Und nun hatte also auch ich eine neue, Erfolg versprechende Karriere als versierte Fußballexpertin vor mir. Dazu kam es, weil ich eine Kolumne für eine israelische Zeitung schrieb. In der ging es zwar eher darum, dass viele israelische Männer die deutsche Fußballmannschaft nicht mögen und erst durch die Liebe einer deutschen Frau zum Äußersten getrieben werden können. Aber offensichtlich wurde diese Analyse als Fußballexpertise missverstanden, sodass ich plötzlich verschiedenen Radiosendern Interviews geben sollte. Meist bat man mich um Tipps, wie das nächste Spiel der Deutschen ausgeht und welcher Spieler wohl am besten spielen wird. Und so wurde aus Carrie Bradshaw ganz fix Günter Netzer.

Als ich im Zenit meines Erfolges stand, machte ich dann den entscheidenden Fehler. Vor dem Halbfinalspiel Deutschland gegen Spanien frage der israelische Moderator mich, wie denn die Deutschen im Fußballstadion jubeln. Ich überlegte kurz und brüllte dann ins Mikro: »Olé, Olé, Olé, Olé.« Das war Spanisch, und der Moderator stutzte. Ich war enttarnt. Eine deutsche Fußballexpertin, die spanische Lieder singt. Da konnte ja was nicht stimmen. Am Ende hat die deutsche Mannschaft gegen die Spanier verloren. Es war wohl meine Schuld. Zum Glück rief mich kurz danach der israelische Flamencoverein an. Sie fragten, ob ich ihr neues Maskottchen werden wollte. Ich sagte sofort zu.

Der israelische Informalismus

Meine israelische Bankfachberaterin nannte mich neulich Süße. Ich kenne diese Dame kaum. Ich war vielleicht ein-, zweimal in der Bank. Einmal, um mein Konto zu eröffnen, und das zweite Mal, um Dinge zu unterschreiben, die ich nur zur Hälfte verstand. Dass sie mich trotzdem mit einem Kosenamen ansprach, hat nichts zu bedeuten. So sind die Israelis.

Ich erinnere mich noch gut an meinen ehemaligen Kollegen J. Der notorische Neurotiker kam eines Morgens völlig aufgelöst in das Korrespondentenbüro und schrie: »Ich habe meinen Bruder gefunden!« Anlass für diesen emotionalen Gefühlsausbruch war seine nicht funktionierende DSL-Leitung. Ein Techniker hatte morgens versucht, das Internet wieder zum Laufen zu bringen. Dabei hatte er J. »Achi« genannt. Das bedeutet wortwörtlich »mein Bruder«. J. war natürlich nicht wirklich glücklich darüber, sondern machte sich zynisch und brüskiert über diese unangemessene Vertrautheit her. Nicht jeder kann mit dem israelischen Informalismus gut umgehen. Vor allem für uns Einwanderer ist es zuweilen schwierig.

Informalismus beschreibt eine weitverbreitete Charaktereigenschaft im Heiligen Land. Die Israelis mögen es informell. Allzu formelle Dinge hingegen liegen ihnen nicht, weder bei ihrer Kleidung noch im Verhalten. Sie sind gerne direkt, ehrlich und geradeheraus (ehrlich ist im Hebräischen das gleiche Wort wie geradeaus). Dabei sind umständliche Hierarchiestrukturen nur hinderlich. Dazu gesellt sich eine angeborene Skepsis gegenüber Autoritäten. Oder um das Kind beim Namen zu nennen: ein fehlender Respekt für alles und jeden. Nur weil jemand der Chef von ABC ist, heißt das noch lange nicht, dass ein Verkäufer ihn nicht genauso unfreundlich bedienen darf wie den Moshe von nebenan.

Hierarchien sind hier nicht so etabliert wie in anderen Ländern, und klassische Eliten gibt es kaum. Während in Deutschland klare Strukturen der unterschiedlichen sozialen Schichten definierbar sind, wie Bürgertum (Klein-, Groß- und Bildungs-), Adel, Arbeiter etc., gibt es in Israel nur »Sabra« und »Olim«. Sabra sind diejenigen, die in Israel geboren sind. Olim sind die Neuzugänge. Und natürlich gibt es darüber hinaus Differenzen zwischen den Israelis, je nach Herkunftsland. Europäische Einwanderer (Aschkenasim) halten sich seit jeher für etwas Besseres als sephardische (aus Spanien eingewanderte) und orientalische (Mizrahim) Juden. Diese wiederum schauen auf äthiopische Juden herab (vielleicht weil sie noch dunkler sind). Und russische Juden sind sowieso außen vor. Genauso wie sämtliche nicht jüdische Subgesellschaften im Land.

Aber dieses Herkunftsgerangel liegt den Menschen wohl im Blut, egal woher sie kommen. Meine Schwiegereltern in spe befeinden sich in der Formation Rumänien vs. Irak. (»Ihr seid doch Araber, ich bin Europäer« gegen »Wir hatten im Irak schon Schulen und Bildung, als ihr in Rumänien noch in euren unterentwickelten Dörfern Inzucht betrieben habt.«) Hier sind ja immerhin noch gewisse Unterschiede zu erkennen. Aber selbst meine Eltern, die wohlgemerkt aus der gleichen Stadt in Brandenburg kommen (!), schaffen es regelmäßig, Herkunftsschlachten zu schlagen. (»Wir besaßen immerhin ein Haus mit Grundstück, während ihr in eurer Karnickelbuchte mit Fischladen unten dran eingepfercht wart.« – »Ach so? Euer Großgrund stand, wenn ich mich recht erinnere, im Armenviertel. Und wenigstens mussten wir zum Urinieren nicht auf den Hof.«)

Davon abgesehen gibt es jedoch in Israel kein klassisches Schichtendenken. Die meisten hier sind mit leeren Taschen ins Land gekommen, selbst Promovierte und Ärzte haben anfangs in der Landwirtschaft gearbeitet und das Land mit aufgebaut. Nur ganz wenige Familien können, wenn überhaupt, als elitär bezeichnet werden. Das sind dann entweder die Neureichen oder die paar Familien mit überdurchschnittlicher Bildungsdichte. Und auch dann merkt man es kaum. Denn auch sie pflegen den Informalismus mit Hingabe.

Neulich habe ich das erste Mal versucht, auch informell zu sein. Die wenig freundliche Verkäuferin bei Zara wollte mir partout kein Geld zurückgeben, sondern nur einen Gutschein (der im Übrigen natürlich nur in Israel gilt). Ich überwand meine Abneigung, mein dringendes Bedürfnis, sie anzuschreien oder formell-reserviert zu sein. Stattdessen legte ich beruhigend und vertraut meine Hand auf ihren Arm und säuselte lächelnd: »Schau mal, Süße, ich fahre jetzt nach Berlin. Zum Shoppen und so. Da brauch ich das Bargeld eher als einen Gutschein in Israel.« Ich fühlte mich wie falsche Zähne. Sie blinzelte nicht einmal, als sie Nein sagte, sich umdrehte und verschwand.

Das Spielmannszug-Syndrom

Vor einigen Wochen stand ich auf dem Berliner Alexander-platz und heulte. Vor mir marschierte ein Spielmannszug. Die Spielleute flöteten und trommelten. Ich schluchzte im Takt zum Radetzkymarsch. Wie war es dazu nur gekommen?

Alles begann, als der Sommer in Tel Aviv immer heißer wurde. Ich hatte die ersten sechs Monate im neuen Land hinter mir und war fast glücklich und zufrieden. Dann, mit der feucht-schwülen Hitze, kam die Sehnsucht nach dem deutschen Sommer. Als mir aus heiterem Himmel auch noch Kinderlieder einfielen, wusste ich, etwas kann nicht stimmen. »Der Kuckuck und der Esel, die hatten einen Streit.« Und ich? Hatte Heimweh. Ich vermisste mein Zuhause. Mir fehlten die Ostseeluft, die grünen Wiesen und sogar das schnodderige Berlin. Und vor allem fehlten mir die Menschen, die mich länger als sechs Monate kannten.

Heimweh. Die Sehnsucht in der Fremde, wieder daheim zu sein. Ein diffuses, duselig machendes Gefühl, das ich so nicht kannte. Flughäfen zum Beispiel habe ich immer geliebt, weil sie mich in die Ferne trugen. Weil sie das aufregende Gefühl, an einen neuen Ort zu kommen, repräsentierten. Ich fand es toll, nicht zu wissen, was mich am Ziel erwartet. Doch das war einmal. Heute stehe ich tränenüberströmt in großen Hallen, weil wieder jemand abfährt, den ich liebe, oder ich selbst wegmuss.

Das erste Mal, als ich dieses Gefühl aussprach, war auf der Allenby in Tel Aviv. Das ist ohne Zweifel die hässlichste Straße der Stadt, und mein wunderbarer Lebensfreund und ich suchten, bepackt mit einer Mikrowelle, ein Taxi. Als endlich eins anhielt, nahm der Gefühlsausbruch seinen Lauf: In der Sekunde, als ich die Tür aufmachen und die Mikrowelle einladen wollte, fuhr der Taxi-Derwisch einfach wieder los. Er hatte wohl doch keine Lust mehr, uns zu transportieren, als er die Kiste sah. Ein solches Verhalten mag verstörend sein, ist aber in Israel keine Seltenheit. Taxifahrer sind die furchtbarsten Menschen hier. Sie fragen einen immer zuerst, wo man hinwill, und wenn es nicht auf ihrem Weg liegt, brausen sie mit quietschenden Reifen wieder davon. Außerdem nehmen sie jedem ständig die Vorfahrt oder hupen Fahrradfahrer wie mich von der Straße.

Ich also auf der Allenby. Ohne Taxi. Aber mit Mikrowelle. Schreiend. »Ich will nach Hause. Ich will sofort nach Hause. Und ich meine nicht hier, ich meine mein richtiges Zuhause. Ich will nach Deutschland. Jetzt. Sofort. Dahin, wo Taxifahrer es als ihren Job verstehen, Leute zu transportieren.« Mein Mann neben mir, völlig überfordert. »Was? Wo kommt das denn jetzt her?«

Ich sage, man weiß ja nie genau, wo die Gefühle so herkommen. Meine stelle ich mir als eine Gruppe von gut gekleideten Soldaten vor, die in konspirativen Konferenzen berät, wo sie als Nächstes angreift. Schon in meinen Schulzeugnissen war die Rede davon, dass ich sehr impulsiv und emotional bin. Niemand weiß von der Gefühlsarmee in mir, aber einige ahnen es. Armeen marschieren. So wie Spielmannszüge auch. In Israel gibt es nur einen Spielmannzug –

den der Armee. Und so kommt zusammen, was zusammen gehört.

Als ich dann also endlich auf Heimaturlaub war, liefen mir die Spielleute vom Alexanderplatz vor die Füße. Und all das diffuse Gefühl manifestierte sich in einem konkreten Gedankengang: Spielmannszüge sind Symbole der deutschen Kultur. Ich habe im Spielmannszug Querflöte gespielt, mein Opa auch. Also bin ich deutscher als gedacht. Meine Kinder hingegen werden mich wohl dafür auslachen. Und wenn sie in Israel aufwachsen, werden sie vieles von dem, was ich tue, nicht verstehen. Anders als ich werden sie zu spät kommen und an feucht-schwüle Hitze gewöhnt sein. Deutschland werden sie ein bisschen komisch finden. Da ist alles so grün und ordentlich, werden sie sagen.

Viele Israelis behaupten, dass Deutsche extrem sind. Und total. Total pünktlich, total ordentlich, und wenn sie in eine Diktatur abdriften, dann aber richtig. Vielleicht funktioniert so auch deutsches Heimweh. Es geht nicht nur um Ostseeluft und grüne Wälder. Es geht ums große Ganze. Bevor ich nach Israel kam, war mir nicht einmal klar, wie deutsch ich bin. Jetzt habe ich Angst, dass ich mich wegassimiliere. Und dass meine Kinder nichts von meinem kulturellen Erbe mitbekommen. Veränderung im großen Stil war mir schon immer ein Graus. Deswegen hilft nur eins: Die Kinder müssen in den Spielmannszug. Und wahrscheinlich werde ich sie Siegfried und Kriemhild nennen.

Die Empfehlung

Wenn Israelis im Restaurant essen gehen, schauen sie nur kurz auf die Speisekarte. Lieber fragen sie Kellnerin oder Kellner, was denn gut sei. Was ist empfehlenswert? Gibt es ein Menü-Angebot? Soll ich Spaghetti oder Quiche nehmen? Schokokuchen oder Tiramisu? Erbsen oder Bohnen? Ich finde das ungewöhnlich. Da, wo ich herkomme, guckt man auf die Karte und bestellt. Man kombiniert vielleicht anders, aber um eine Meinung fragt man die Kellnerin oder den Kellner nicht.

Unter israelischem Einfluss stehend, habe ich im Sommer das erste Mal in Deutschland um eine Meinung im Restaurant gebeten. »Was ist besser? Hühnchen oder Rind?«, fragte ich die nette Kellnerin in einem Rügener Gasthof. Meine Eltern schauten mich an, als sei ich gehirnamputiert. Die Kellnerin sagte verdutzt: »Kommt darauf an, ob Sie lieber Hühnchen oder Rind mögen.« Ich fand das sehr unbefriedigend. Eine israelische Kellnerin hätte gesagt: »Na ja. Das Hühnchen ist halt vom Gesamtgeschmack her etwas süßer, während das Rind schärfer zubereitet ist. Außerdem ist das Rind intensiver und sättigender. Hast du denn großen Hunger?«

In Israel gibt es eine Kultur der Empfehlungen. Egal, was man tut, erst einmal überprüft man anhand vieler verschiedener Meinungen, was für die meisten die beste Option ist. Das dauert natürlich manchmal. Mein wunderbarer Lebensgefährte zum Beispiel hat drei Monate lang überlegt, für welchen Pensionsfonds er sich entscheiden soll. Während ich einfach fix Vor- und Nachteile der Optionen abgeglichen hätte, traf er sich mit fünf verschiedenen Pensionsfondsberatern und sprach mit mindestens zehn verschiedenen Freunden über ihre Erfahrungen. Er möchte sich Zeit nehmen, um die richtige Entscheidung zu treffen, sagte er mir auf Nachfrage.

Ich glaube, diese Verhaltensweise hat mit dem Einfluss der »jiddischen Mamme« zu tun. Während in Deutschland Kinder von ihren Eltern zu Selbstständigkeit erzogen werden (mehr oder weniger), glaubt man in Israel, das Militär wird's schon richten (eher mehr als weniger). In ihrer Armeezeit sollen die Kinder Verantwortung übernehmen, reifen und selbstständig werden. Aber auch danach will die jiddische Mamme (wie auch der Rest der Familie, der ja wiederum auch mit einer solchen Mamme aufgewachsen ist) alles wissen und überall mit entscheiden. Ich glaube, deswegen ist es für Israelis nicht ungewöhnlich, im zivilen Teil des Lebens ebenfalls um Rat zu fragen.

Abgesehen davon verzögert ein langes Herumfragen die tatsächliche Entscheidung. Kein schlechter Nebeneffekt für diejenigen, die sich ungern schnell festlegen. Das entspricht auch der in Israel weitverbreiteten Art, Dinge hinauszuzögern. So erzählte mir meine australische Freundin L. neulich, dass das Heilige Land sie völlig entscheidungsunfähig gemacht hat. Sie weiß oft nicht mehr, was sie will. Vermutlich weil hier alle so lange brauchen, um zu entscheiden, und sie nicht als durchorganisierte Spießerin gelten möchte. Deswegen bittet sie jetzt immer öfter andere Leute um Hilfe und Rat.

Ich bin da eher so der Einzelgänger. Wenn ich etwas brauche, entscheide ich schnell und endgültig. Außerdem bin ich rechthaberisch und glaube sowieso, dass ich es am besten weiß. So habe ich neulich, entgegen dem Willen meiner besseren Hälfte, einfach so spontan einen Staubsauger gekauft. Er hätte natürlich tagelang recherchiert und verschiedene Verwandte und Bekannte zu ihren Erfahrungen befragt. Ich bin einfach in den Laden gegangen, habe dem Verkäufer gesagt, was ich will, und mitgenommen, was er mir anbot.

Der Staubsauger funktioniert leider wenig bis gar nicht. Ständig muss man das Sieb reinigen, selbst wenn es nur halb voll ist. Saugen tut das Ding auch dann kaum, und lautstärketechnisch könnte man genauso gut mit einer Kettensäge durch die Wohnung rennen. Das ist natürlich alles ein großer Komplott der israelischen Gesellschaft. Sie wollen mich in die Knie zwingen und zu einem Teil ihrer Empfehlungskultur machen. Doch da mache ich nicht mit. Und so reinige ich weiter mit der Staubsaugerattrappe. Es ist hart, es ist anstrengend und es bringt nichts. Doch es ist meine freie Entscheidung. Ich bin und bleibe mein eigener Herr. Oder empfehlen Sie mir etwas anderes?

Die Deutschen

Wenn die Deutschen in der Wüste sitzen, mögen sie es ruhig. Ich weiß das, weil es mir vor einigen Jahren passiert ist. Mein wunderbarer Lebensgefährte und ich nahmen an einer Negev-Nacht-Wüsten-Wanderung teil, die von meinem Studentenaustauschprogramm organisiert wurde. Wir beide, 32 Deutsche und ein israelischer Sicherheitsmann. Der Personenschützer muss hier ab einer Gruppe von soundso vielen Leuten immer mit und trabt dann gelangweilt, aber bis an die Zähne bewaffnet, hinter einem her.

Die Wüste ist in der Nacht ganz schwarz. Weil man nichts sehen kann, funktioniert das Hörorgan besser als sonst, glaube ich. Anders kann ich mir die Geschehnisse nicht erklären. Wir tappten also im Dunkeln durch die Wüste, bis wir auf einer kleinen Erhebung Pause machten. Die Deutschen saßen uns im Rücken. Bewegungslos. Staunend. Mucksmäuschenstill. Mein Freund und ich packten unsere belegten Brote aus. Das war der Sinn der Rast. So dachten wir. Doch als wir nur ein wenig mit dem Aluminiumpapier raschelten, wurden wir von den Hintermännern im Chor angezischt: »Schiiiiischhhhhhhhh.« Das machen die Deutschen gerne. Das Wort sollte im Duden stehen.

Ein paar Sekunden später kam eine Gruppe Israelis auf Nachtwanderung vorbei. Sie grölten wie im Fußballstadion. Die Deutschen fielen fast vom Glauben ab. Traurig, wütend und enttäuscht sprangen sie von ihrem Sitzhügelchen auf und schüttelten »tz tz tz« ihre Köpfe im Takt. Mich sahen sie an wie einen Staatsfeind. Und irgendwie war ich es ja auch. Ich hatte sie verraten. Die deutsche Ruhe. Das deutsche Schisch.

Ruhe und Ernsthaftigkeit spielen eine große Rolle in der deutschen Kultur. In der deutschen Kirche zum Beispiel sitzen die Besucher eifrig ruhig und machen ernste Mienen. Mein Vater ist regelmäßig einer von ihnen. Weihnachten hockt er mit seinem Kirchengesicht (ruhig, ernsthaft, die Lippen leicht geschürzt) neben uns, während meine Mutter und ich kichernd heimliche, lebhafte Blicke austauschen.

In der Synagoge in Israel sucht man so eine Ruhe vergeblich. Hier schmettert der Rabbi heilige Lieder, und die Gemeinde krakeelt dazu Dinge, die so ähnlich klingen. Überall halten die Besucher Privatgespräche, und ich bin mir nicht sicher, dass es darin immer um Religion geht. In vielen Gemeinden wird außerdem mit der flachen Hand im Takt des Liedes auf das kleine Pult an den Sitzbänken geschlagen. Manchmal trampeln die Gläubigen auch auf, wie die Besucher eines Rockkonzerts.

Das war natürlich für meinen Papa mit dem Kirchengesicht ein Schock. Aber versuchen Sie das mal den Israelis zu erklären. Viele hier kennen die Deutschen nur aus dem Fernsehen. Sie brüllen dort in Schwarz-Weiß-Dokumentarfilmen und akkuraten Uniformen vor schreienden Massen herum. Der bekannteste Deutsche ist Adolf Hitler. Er ist hier weniger für seine ruhige Art bekannt. Deutsch ist für Israelis eine harte Sprache, die vor allem aus geschrienen Nazi-Wörtern wie »Jude«, »raus«, »schnell« oder »Achtung stillgestanden« besteht. Dass die brüllenden Deutschen zischen, macht für Israelis demnach nur aus einer herrischen, erhabenen Perspektive Sinn. Der Deutsche, der gebieterisch in der Wüste sitzt und zur Ruhe mahnt. Ein furchtbares Stereotyp, dem ich mit meiner offenen, aufgeschlossenen Art entgegenarbeiten möchte. Ich will nicht die typische Deutsche sein.

Doch am Ende kam es natürlich ganz anders. Gestern nämlich stand ich mit meinem wunderbaren Lebensbegleiter draußen vor der Tür. Als etwas aus dem ersten Stock fiel, schrie ich in kurzem Zeitabstand die Wörter »Achtung«, »schnell« und »raus« durch die Nachbarschaft. Natürlich muss man das im Kontext sehen, aber dafür war es dann schon zu spät. Innerhalb weniger Sekunden stürzten unsere Nachbarn an ihre Fenster und sahen mich erschrocken an. Von jetzt auf gleich wurde ich zur schwarz-weißen Bilderbuch-Deutschen. In mir sahen sie all ihre schlimmsten Vorurteile bestätigt. Nichts hatte sich geändert. Jahrelange Imagebemühungen der aufgeschlossenen Deutschen weltweit verpufften. Der gute Eindruck der weltoffenen, spielerisch-leichten deutschen Fußballnationalmannschaft, alles hin. Das habe ich wirklich nicht gewollt.

Die Sache mit der Mischpoke

Jeder Mensch, egal ob aus Deutschland, Dänemark oder Kenia, kennt das: Die eigene Familie kann einen manchmal verrückt machen. In Israel jedoch treibt sie einen in den Wahnsinn. Israelische Familien sind wie Sekten. Ich kann mit meinem wunderbaren Lebenspartner vier Stunden über, sagen wir, den Einkauf einer Mikrowelle beraten und beschließen. Drei Minuten am Telefon mit Vater/Bruder/Cousin/Tante/Neffe/Schwippschwager/Familienhund reichen, um alles vorher Gesagte nichtig zu machen. Denn wie eine gute Sekte macht die israelische Familie vor allem eins: Sie mischt sich immer ein. Gleichzeitig überschüttet sie einen mit Liebe und gutem Willen.

Deswegen war es auch nicht überraschend, dass uns beim Kauf einer Waschmaschine und eines Kühlschranks die ganze israelische Familie meines Freundes begleitete.

Natürlich nicht die ganze Familie, denn da kommen hier schnell mal 500 Leute zusammen. Aber in unserem Fall waren es die Schwiegereltern, Geschwister sowie Tanten, die extra aus Haifa angereist waren. Wir sollten schließlich nicht über den Tisch gezogen werden.

Im ungefähr zehn Quadratmeter kleinen Elektroladen fing jedes Familienmitglied sogleich an, wild mit einem der zehn glatzköpfigen Verkäufer zu handeln und zu diskutieren. Dabei lehnte mein kräftiger Schwiegervater sich bedrohlich über die Waschmaschinen und brummte dem haarlosen Verkäufer gefährlich ins Gewissen. Der ältere, immer etwas negative Bruder meines Freundes dagegen schrie auf einen anderen Glatzkopf ein. Der wiederum brüllte übellaunig zurück. Ich glaube, das nennt man hier Verhandlungstaktik. Mein wunderbarer Freund selbst tänzelte wie ein Boxer im Ring zwischen AEG und Siemens hin und her und versuchte sich ernsthaft (der deutsche Einfluss) beraten zu lassen. Meine Schwiegermutter war bereits mit verschiedenen Küchengeräten bepackt. Ich hatte Angst, wir würden am Ende versehentlich vier Waschmaschinen und drei Kühlschränke mit nach Hause nehmen. Und war mehr als überrascht, als schließlich eine Waschmaschine und ein Kühlschrank unsere Wohnung erreichten, die im Übrigen immer noch funktionieren.

Das ist keine Selbstverständlichkeit. Ein anderer Familienratschlag nämlich brachte uns dazu, ein Sofa nicht bei IKEA, sondern bei »Turkis« zu kaufen. Die Gerichtsverhandlung läuft. Das IKEA-Sofa hat es dann doch in unsere vier Wände geschafft.

Aber Familienratschläge beziehen sich in dieser religiösen Sondergemeinschaft nicht nur auf Waschmaschinen und Einrichtungsgegenstände. Bestimmt hat jeder schon einmal von der berühmten »jiddischen Mamme« gehört. Für eine solche ist die Verheiratung aller Kinder oberste Priorität. So hörte ich bereits auf verschiedenen Hochzeiten verschiedene Rabbis davon reden, dass die Brautmütter nun ihr Lebensziel erreicht hätten. Und meine Freundin S. erzählte mir neulich, dass ständig fremde Männer auf ihrem Handy anriefen – allesamt Verkupplungsversuche ihrer Mutter, die der

Meinung ist, mit 28 könne ihre Tochter nun endlich in den Hafen der Ehe einlaufen.

Auch ich kenne dieses Problem: Auf elegante Weise versucht die Mutter meines wunderbaren Lebensgefährten immer wieder, mich auf eine Hochzeit festzunageln. Als meine Eltern im Frühjahr das erste Mal zu Besuch kamen, hoffte sie wohl bereits auf die Bekanntgabe einer Verlobung. Da nichts passierte und sich meine Eltern für Oktober nochmals angekündigt haben, liebäugelt sie nun mit einer Winter-Vermählung. Mein Schwiegervater in spe dagegen hat sich auf Enkel-Druck spezialisiert. Wann immer sich die Gelegenheit bietet, erinnert er mich daran, dass er nun endlich auch mal einen Enkel im Arm halten möchte. Die vier, die er schon hat, scheinen – aus mir unverständlichen Gründen – nicht als vollwertige Enkel zu zählen.

Ja, es ist nicht immer einfach, mit der israelischen Familie übereinzukommen. Sie meinen es immer so gut. Und sie glucken so gerne zusammen. Dabei erhalten sie sich natürlich trotzdem die gewohnte Prise israelischer Rücksichtslosigkeit. Vor einigen Tagen machten wir mit Mutter, Onkel, Tante und Oma einen Ausflug in ein drusisches Dorf im Norden Israels. Alle saßen zur Abfahrt bereit im Geländewagen. Bis auf die Oma. Die korpulente 83-Jährige versuchte sich mühsam in den hohen Jeep zu quälen. Drinnen saß die israelische Familie und lachte sich tot, weil die Oma einfach nicht reinkam. Nach ewigem Ziehen und Zerren hatte sie sich endlich in den Anschnallgurt gewürgt.

Auch so sind israelische Familien. Nicht so politisch korrekt wie deutsche. Aber es gibt immer was zu lachen.

Handyolismus

Viele Israelis sind abhängig. Und damit meine ich nicht den hier weitverbreiteten Haschischkonsum oder die ebenso geläufige jiddische Mamme. Nein, ich spreche vom ernsten Thema Handy-Sucht. Dem unabdingbaren Bedürfnis, ständig erreichbar zu sein und ständig zu erreichen. Ich spreche von den Handyolikern.

Den Handyoliker findet man in Israel in allen gesellschaftlichen Schichten, vor allem unter den jüngeren Bewohnern. Typische Symptome sind der Zwang zum Sprechen in kleine, hell leuchtende Geräte, fortschreitender Kontrollverlust bezüglich Dauer und Anlass des Telefonkonsums, Vernachlässigung früherer Interessen oder anwesender Personen zugunsten des Telefonierens, Leugnen des Suchtverhaltens (»ich *muss* das aber kurz besprechen«), Entzugserscheinungen bei Konsumreduktion (»ich habe mein Handy zu Hause vergessen und werde daher bald sterben«) sowie die Veränderung der Persönlichkeit (zum Beispiel die Imitation eines Freizeichens, bevor der Betroffene anfängt zu sprechen).

Israelis lieben ihre Handys einfach. Ob unter dem Motorradhelm oder im Swimmingpool. Sie können nicht ohne. Alle rufen ständig alle an. Die meisten meiner deutschen Freunde telefonieren nur kurz. Nur das Nötigste. Effektiv und effizient. In Israel dagegen kann sich eine fünfminütige

Konversation einzig und allein um Fragen nach der Befindlichkeit drehen. Auf »Wie geht's?«, antwortet der Israeli mit »Was ist die Situation?«, worauf der andere wiederum »Was gibt's Neues?« oder »Was passiert?« entgegnet und so weiter. Bis schließlich einer sagt, dass er jetzt auflegen muss, da er einen Anruf auf der anderen Leitung hat.

Mein wunderbarer Lebensfreund ist da leider keine Ausnahme. Telefonierte er in Berlin noch durchschnittlich, ist sein Handyolismus hier in Israel zu einem ernsten Problem geworden. Tagtäglich schließt er, von der Arbeit heimkehrend, die Wohnungstür mit dem Gerät am Ohr auf. Dabei liegt sein Kopf im 90-Grad-Winkel auf der Schulter. In der einen Hand hält er seine Tasche, in der anderen den Motorradhelm. Manchmal hat er auch noch eine Tüte rechts oder links am Arm. Er sieht gequält aus. Seine Körperhaltung erinnert an den Glöckner von Notre-Dame.

Das Handy bestimmt sein Leben mehr und mehr. Egal, wo wir wann sind, es klingelt immer. Und wenn es nicht klingelt, muss er dringend jemanden zurückrufen. Mehrmals habe ich ihn schon dabei erwischt, wie er morgens um sieben müde und erschöpft an der Strippe hing. Seit sein Telefon auch noch auf dem Nachttisch liegt, schläft er immer schlechter. Und mit mir hätte er sowieso am liebsten eine Standleitung. Schätzungsweise zehnmal am Tag ruft er mich an, um absolut nichts zu besprechen. Ich fürchte, ich bin dafür einfach zu deutsch.

Ich telefoniere nur, wenn ich etwas zu sagen/besprechen/fragen/erzählen habe. Telefonieren ist bei mir zweckgebunden. Ich verabrede mich, frage, wie bestimmte Ereignisse waren, oder erzähle selbst Neuigkeiten. Natürlich kann ich

stundenlang mit meinen Freundinnen plaudern. Aber ziel-
gerichtet! In Israel ist das anders. Alle sind hier betroffen.
Selbst mein Rabbi hat Handyolismus!

Als wir uns das erste Mal persönlich treffen wollten, rief
ich ihn zur Terminabsprache an. Er sagte, er rufe mich zurück. Als er das schließlich tat, musste er mitten im Gespräch
weg. Er schickte im Anschluss eine SMS, ich könnte ihn tags
darauf ab neun erreichen. Unser nächstes Gespräch drehte
sich dann endlich um die Frage nach einem Termin. Er be-
stätigte, Montag könnte gut sein. Ich fragte wann. Er antwortete: »Ruf mich Montagmorgen noch einmal an.«

Es ist ein Teufelskreis. Niemand hier vereinbart jemals
Termine oder Treffpunkte im Voraus. Natürlich nur, damit man kurz vorher noch einmal telefonieren muss. Und je
öfter man telefonieren kann, desto besser. Diagnostisch gesehen handelt es sich dabei um die symptomatische Phase.
Der Handyoliker sucht sozial passende Gelegenheiten, die
es, wie beiläufig, erfordern, dass er telefoniert. Irgendwann
geht es nur noch um die Vermeidung von Entzugssympto-
men, und dann kommt auch schon die Beschaffungskrimi-
nalität. In Israel keine untypische Handyoliker-Karriere, sind
doch Mobiltelefone gesellschaftlich anerkannte Drogen hier,
deren exorbitanter Konsum geradezu erwartet und geför-
dert wird.

In letzter Zeit jedoch beschweren sich israelische Arbeitgeber vermehrt über zu hohe Handyrechnungen, die sie oft
tragen müssen. Auch mein wunderbarer Lebensfreund ist
davon betroffen. Deswegen hat er beschlossen, eine Therapie
zu machen und zu den Treffen der anonymen Handyoliker
zu gehen. Ein guter erster Schritt, wie ich finde. Bevor Süch-

tige behandelt werden können, müssen sie die Veränderung wollen. Ich unterstütze ihn mit Liebe, Wärme und Verständnis. Jetzt muss er nur noch einen Termin vereinbaren. Telefonisch natürlich.

Grün

Wenn man aus Israel nach Deutschland kommt, kann man nicht glauben, wie grün das Land ist. Grün, leer und ruhig. Früher war Grün meine Lieblingsfarbe, meine Tante A. mochte Grün auch und hatte mir erzählt, dass Grün die Farbe der Hoffnung ist. Heute ist meine Lieblingsfarbe ein kräftiges, leuchtendes Pink. Laut Farbenbedeutungslehre (die Quelle mag hier etwas zweifelhaft sein) steht Pink für Lautstärke und Dominanz. Ich muss sagen, ich passe mich Israel immer mehr an.

Als ich vor einigen Monaten im Juli auf dem Flughafen Tegel landete und all die grünen Bäume und Büsche sah, freute ich mich umso mehr auf den vor mir liegenden Ostseeurlaub. Ich komme ja aus der ehemaligen DDR. Meine Geburtsurkunde zum Beispiel musste, damit ich in Israel ein Visum beantragen konnte, neu ausgestellt werden. »Sie sind ja in einem Land geboren, das es gar nicht mehr gibt«, kicherte die freundliche Dame vom Landesamt für Bürger- und Ordnungsangelegenheiten in der Berliner Friedrichstraße. Auch die Staatsdienerin, die mir mein Ehefähigkeitszeugnis (ja!) ausstellte, gluckste leise.

In Israel kennt niemand den Terminus »DDR«. Hier heißt die Deutsche Demokratische Republik schlicht Ostdeutschland. Deswegen erregt so eine Geburtsurkunde, in der ein unbekanntes Geburtsland aufgeführt ist, durchaus Aufmerksamkeit in israelischen Ämtern. Wenn aber erst einmal klar ist, dass es sich um das andere Deutschland handelt, fallen schnell zwei Begriffe. Einer davon ist FKK. Ein typisches Vorurteil lautet, dass die Ostler ständig nackt sind. Ich muss sagen, es stimmt.

Es gibt sehr viele Fotos, auf denen meine Eltern nackt (am Strand) sind. Und der diesjährige Sommerurlaub auf Rügen besiegelte, dass sich trotz Mauerfall nichts geändert hatte im Osten der Republik. In Israel ist das anders. An den Stränden hier ist es absolut verpönt, auch nur oben ohne zu gehen. Zumindest für Frauen. Männer hingegen lieben es oben ohne. Leider nicht nur am Strand. In den Sommermonaten sehe ich haufenweise Herren durch die Straßen laufen, die scheinbar ihre Oberhemden verloren haben. Nicht alle sehen so aus, als ob sie zum Strand wollten. Manche scheinen gerade zur Arbeit oder zum Zahnarzt zu gehen, oft tragen sie Aktenkoffer.

Vorreiter der halb nackten Männerfront sind übrigens interessanterweise die französischen Touristen. Es heißt ja immer, der französische Stil und so weiter. Das kann ich nicht bestätigen. Ich habe in diesem Sommer in Tel Aviv mehr nackte französische Hühnerbrüste gesehen, als mir lieb war.

Auch in meiner Schwiegerfamilie mag Mann es oben luftig. Der Vater meines wunderbaren Lebensgefährten trug praktisch den gesamten Sommer nichts außer seiner Oberarm-Rottweiler-Tätowierung. Mein wunderbarer Lebensbegleiter selbst genießt ebenfalls die regelmäßige Brust-Zurschaustellung. Gerne auch mal bei Tisch. In meiner Familie ist es absolut verpönt, leicht bekleidet zu speisen. Wir mögen vielleicht FKK-Ossis sein, aber nicht bei Tisch. Deswegen war es umso schockierender, als mein Vater, zu Besuch im Heiligen Land, plötzlich allmorgendlich am Frühstückstisch blank zog.

Israel verändert einen. Doch zurück ins FKK-Deutschland. Ich saß also im besagten Juli nach Landung in Tegel im Zug von Berlin nach Binz. Die deutsche Bahn gondelte durch Wiesen und Wälder. Alles war wunderbar grün und ruhig. Hoffnungsvoll. Doch dann passierten wir Anklam, und die Dinge änderten sich schlagartig. In einem kleinen Dorf kurz nach der Hansestadt sah ich, wie ein Mann, nur mit Warnweste und Schlüpfer bekleidet, die Bahnschranke verschloss. Er trug nicht einmal Boxershorts. Er trug einen Schlüpfer. Unten ohne, oben ohne – wo ist da der Unterschied? Bei genauerem Hinschauen: Schimmerte seine Warnweste in der Sonne nicht pink? Vielleicht sind sich Israelis und Ostler näher, als man denkt.

Die Spezies Ars

Der amerikanische Komiker Jackie Mason sagte einmal, dass die Israelis für ihn wie Mexikaner aussehen und agieren. Der Vergleich hinkt ein bisschen, immerhin sind wir im Nahen Osten. Gewisse Verhaltensähnlichkeiten lassen sich aber nicht von der Hand weisen. Der König der mexikanischen Israelis ist der Ars.

Ars ist das hiesige Wort für Prolet. Der gemeine Ars hat dunkle Haare und braune Haut. Seine Eltern sind aus Ländern wie Marokko, Tunesien, Jemen, Ägypten oder dem Irak nach Israel eingewandert. Er sucht noch lieber als andere Israelis die direkte Konfrontation (und das soll was heißen) und ist noch rüpelhafter als seine Landsleute. Der prototypische Ars trägt goldene Halsketten (gerne mit dem hebräischen Buchstaben »Chet«, der für »Chaim«, Leben, steht) und enge T-Shirts mit großflächigem Aufdruck. Die Jeanshosen des Ars' sitzen tief, oftmals zu tief. Der durchschnittliche Ars verdient nicht sehr gut, kann dafür aber mit viel Temperament aufwarten. Auf den Straßen sieht man ihn rauchend und fluchend mit seinen Brüdern oder Cousins im Ars-Mobil (am liebsten Marke Bayerische Motoren Werke).

Das Wort »Ars« kommt übrigens ursprünglich aus dem Arabischen und bedeutet dort »Zuhälter«. Obwohl der gemeine Ars viele unübersehbare, geradezu ins Auge springende Ähnlichkeiten mit seinen arabischen Nachbarn hat, kennzeichnet ihn in der Regel eine heftig ausgeprägte Abneigung gegen Araber aller Art. Doch wie auch der arabische Israeli grillt der Ars gerne im Park oder am Strand (das Ganze nennt sich »Mangal«) und hört dabei Sinnesorgan schädigende laute Musik. Diese klingt für das ungeübte deutsche Ohr wie arabische Popmusik. De facto handelt es sich jedoch um hebräische Popmusik, die von israelischen Ars-Sängern im orientalisch-leidenden Stil vorgetragen wird.

Der Ars lässt sich ungern in Kleidervorschriften pressen und trägt deshalb seinen haarigen Bauch am liebsten blank. Generell hält er nicht viel von Regeln und Formen und erzählt daher auch dann weiter, wenn er den Mund voll hat. Dies ermöglicht Interessierten einen guten Einblick in das arsige Nahrungsspektrum, das sich aus den Grundbestandteilen Kebab, Schawarma, Fleischspießen und Pitabrot zusammensetzt. Der gemeine Ars hört auf Namen wie »Dudu«, »Schimon«, »Chaim« oder »Avichai«. Seine Ballungszentren liegen in israelischen Kleinstädten wie Netanya, Holon oder Tirat Carmel. Da meine Schwiegerfamilie zufälligerweise in letztgenannter lebt, habe ich oft die Gelegenheit, den Ars in seiner natürlichen Umgebung zu beobachten.

Aber auch in Tel Aviv kann man den gelegentlich archaisch anmutenden Zeitgenossen finden. Dazu genügt ein Gang auf den Markt, wo der Ars (meist mittleren Alters) in lauernder Position an seinem Warentisch auf harmlose Touristen wartet. In der Zwischenzeit unterhält er sich zum Zeitvertreib gerne lautstark mit seinen Ars-Kollegen vom 30 Meter entfernten Stand. Diese Entfernung ist wichtig, da es sonst bei einer Meinungsverschiedenheit in Sekundenschnelle zum Ars-Kampf kommt. Anlass für einen solchen kann beispielsweise sein, dass ein Ars die Frau des anderen angesehen hat.

Apropos: Die Frau des gemeinen Ars' nennt man übrigens »Frecha«. Sie ist erkennbar an künstlichen Fingernägeln, Glitzershirts und gefärbten Haaren. Aber das ist ein anderes Thema.

Königreich der Kühlschränke

Neulich entdeckte ich im Wohnzimmer meiner Schwiegereltern in spe einen Kühlschrank. Ich war bereits jahrelang
im Haus ein- und ausgegangen, bevor ich das sperrige Ding
mitten im Wohnbereich bemerkte. Das mag an sich schon
seltsam anmuten, ein Kühlschrank im Wohnzimmer, noch
absurder wird das Ganze aber, wenn man bedenkt, dass meine Schwiegermutter noch einen kinderzimmergroßen Kühlschrank in der Küche und einen im Wintergarten in Benut-
zung hat. Auf meine erstaunte Frage, wofür denn der dritte
Kühlschrank im Wohnzimmer sei, antwortete mein wunderbarer Lebensgefährte: »Ach der, der ist nur fürs Fleisch.«
   Israelis scheinen kontinuierlich von der Furcht vor dem
Verhungern getrieben zu sein. In den Supermärkten sehe
ich, wie zierliche Frauen mit zwei gefüllten Einkaufswagen
auf die Kassen zustürmen. Es gibt hier Milchpackungen, die
sind so groß wie bei uns Weichspüler, und das Katzenfutter,
das ich hin und wieder kaufe, könnte in Deutschland locker
als Ein-Mann-Zelt durchgehen. Nun könnte man argumen-
tieren, dass die durchschnittliche israelische Familie mehr
Kinder hat als die deutsche. Ich glaube, daran liegt es nicht.
   Meine Schwiegereltern zum Beispiel leben bereits seit ge-
raumer Zeit alleine. Trotzdem decken wir uns bei jedem Wo-
chenendbesuch mit Lebensmitteln ein wie sonst nur im Dis-
counter. Wie von Zauberhand holt die Hausherrin die Waren,

von Waschmittel bis Nutella-Gläser, aus allen Ecken des Hauses. Die Wohnung muss über und über mit Gütern gefüllt sein. So scheint es auch nur eine natürliche Konsequenz, dass alle immer Hunger haben. Das Zeug muss ja irgendwie aufgebraucht werden. Mein wunderbarer Lebensgefährte zum Beispiel muss alle zwei bis drei Stunden Nahrung zu sich nehmen. Als ich vor einiger Zeit Israelis in Berlin interviewte, sagten mir alle, am meisten fehle ihnen das heimatliche Essen. Wenn wir bei der Familie zu Besuch sind, ist immer die erste Frage, ob wir Hunger hätten.

Wir müssen doch Hunger haben, schließlich haben wir anderthalb Stunden im Auto gesessen. Sowieso müssen alle immer Hunger haben. Und wenn es was zu essen gibt, dann werden tonnenweise Reis, Fleisch, Gemüse, Antipasti und Kartoffeln aufgeladen. Eine Art Tischpolizei passt dann auf, dass man auch ja genug davon isst. Als meine Freundin B. neulich aus Deutschland zu Besuch war, machte sie den Fehler, zu schnell aufzuessen. Ich als erprobter Essensgast weiß natürlich, dass das genau falsch ist. Auf dem Teller muss immer etwas Essen übrig sein, damit man sagen kann: »Danke, ich hab ja noch.«

Ich schätze mein Essverhalten als relativ normal ein. Aber wahrscheinlich stimmt das schon lange nicht mehr. Als ich im Sommer meine Eltern in Deutschland besuchte, bereitete es mir etwas Sorgen, als meine Mutter mir eröffnete, dass es wegen der Wärme nur einmal täglich warmes Essen gäbe. Ein dumpfes Hungergefühl begleitete mich über den gesamten Aufenthalt. Mittlerweile wache ich auch nachts manchmal auf und vergewissere mich, dass der Kühlschrank noch voll ist. Wir haben nur einen. Aber ich fange an, darüber nachzudenken, ob im Wohnzimmer nicht noch Platz wäre. Für eine weitere, ganz kleine Kühlbox. Nur fürs Fleisch, versteht sich.

Kriegsveteranenland

Neulich tanzte ich mit einem Kriegsveteranen. Er war 28 und hatte dunkle Rastas. Sein linkes Auge war im letzten Libanon-Krieg 2006 von einer Hisbollah-Rakete aus dem Gesicht gefetzt worden. Jetzt stand er auf der Tanzfläche neben mir und schüttelte sich zu »Nirvana«. Dabei sah er aus wie jeder andere auf dem Parkett, und das überraschte mich nicht.

Israelis leben mit Gefahr, Krieg und Terrorismus wie Deutsche mit Lothar Matthäus oder Boris Becker. Jederzeit kann irgendwas irgendwo losgehen. Und damit man das auch nie vergisst, ist die israelische Armee allgegenwärtig. Ständig sitzt man neben Soldaten. Oft schlafen sie, und ihre umgehängten Maschinengewehre zielen dann auf Gesichter oder Herzen anderer Leute. Manchmal bitte ich sie, die Waffe ein paar Zentimeter nach rechts oben oder links unten zu rücken, damit es wenigstens nur die Kniescheibe erwischt. Aber wegpacken können sie die Uzi nicht.

Sowieso kann man hier vieles nicht. Kurztrips in die Nachbarländer sind mehr oder weniger unmöglich. Das Land hört immer nach wenigen Autostunden auf, und dann geht es nicht weiter. Schnell mal ins Einkaufscenter sausen funktioniert auch nicht, da man davor erst einmal 20 Minuten in der Sicherheitskontrolle steht. Von Juni bis September kann man dann gar nichts mehr, da kontinuierlich 100 Grad und Sonne sind und man vor lauter Hitze nur gelähmt auf kalten

Fliesen liegt. Sehen kann man manchmal ebenfalls tagelang nichts, weil wirbelnder Wüstensand die Städte verschleiert.

Jugendliche verschenken ihre besten Jahre ans Militär (drei Jahre Wehrpflicht für Männer, zwei für Frauen), und wenn sie älter werden, sind sie dank des Reservedienstes auch nicht sicher. Außerdem ist Wasser knapp. Andere Güter scheinbar auch. Eine kleine Packung Salami kostet im Supermarkt vier Euro. Unsanierte Zweizimmerwohnungen gibt es in Tel Aviv für den Preis eines Berliner Penthouse. Und dann sind auch noch geschlechtsneutrale Vornamen in. Man weiß also nie, ob Tal, Or, Roni oder Schachar Jungs oder Mädchen sind. Das Leben hier ist anstrengend. Und kompliziert. Nichts in Israel ist einfach.

Ich irrte einmal 20 Minuten am Busbahnhof in Tel Aviv herum, weil ich den Fünfer nicht fand. Die wichtigste Buslinie Tel Avivs, die den Busbahnhof Nord und Süd verbindet, war wie vom Erdboden verschluckt. Auch die Leute, die ich fragte, konnten mir nicht helfen. Es war, als hätte es den Fünfer nie gegeben. Und da es keine Hinweisschilder gab, war meine Situation ausweglos. Als ich schließlich erschöpft eine abgelegene Haltestelle fand, an der eine große, deutliche, runde Fünf baumelte, kam der ersehnte Bus und fuhr an mir vorbei.

Israel ist Chaos. Deutschland ist kompliziert, weil es zu viel Ordnung gibt, Israel ist es, weil praktisch Anarchie herrscht. Es ist kein Zufall, dass keine israelische Regierung der letzten Jahre ihre Amtszeit vollenden konnte. Niemand hat hier die Geduld, vier Jahre auf Ergebnisse zu warten. Das Leben ist schnelllebig und stressig, denn es könnte jederzeit vorbei sein. Jeder kennt jemanden, der in einem Krieg oder bei einem Terroranschlag ums Leben gekommen ist. Das macht alle Israelis zu Kriegsveteranen. Und so benehmen sie sich auch.

Ein Deutsch-Israeli und Wahlberliner sagte mir neulich, er würde nie nach Israel zurückziehen. Da herrsche doch überall Krieg. Nicht nur in Gaza oder der Westbank, auch im Supermarkt und bei der Parkplatzsuche. So wie er haben viele Israelis ausländische Pässe und die finanziellen Möglichkeiten zu gehen. Warum tun sie es nicht?

Es muss etwas mit diesem Gefühl zu tun haben, das jüdische Israelis spüren, wenn sie am Tel Aviver Flughafen landen und die ersten blauweißen Fahnen wehen sehen. Ich als Neu-Israeli habe dann immer Theodor Herzl im Ohr: »Wenn ihr wollt, ist es kein Märchen.« Im Judentum zählt nur ein Ort, Jerusalem. Und das liegt nun einmal hier. 2000 Jahre lang pflegten die in die Diaspora vertriebenen Juden ihre Sehnsucht nach Israel, Sicherheit und einem eigenen Staat. Wenn man so lange wartet, sinken wohl die Ansprüche. Und das mit der Sicherheit wird relativ.

Zurück auf der Tanzfläche sprangen wir alle, inklusive Rasta-Veteran, immer noch herum, als sei nichts. Als sei es nicht unerträglich, dass unter uns ein 28-Jähriger mit Glasauge weilte. Als wäre das Leben nicht heiß, stressig, teuer und gefährlich im Heiligen Land. Der DJ setzte zum letzten Lied an. Und seine Wahl beantwortete alle offenen Fragen. Die israelische Rockband »Mashina« donnerte ihren Hit »Ejn Makom acher« – »Es gibt keinen anderen Ort«. Israel ist der einzige jüdische Staat auf der Welt. Es gibt keinen anderen Ort. Mehr muss man dazu nicht sagen.

Parallelwelten: Die Orthodoxen

Neulich verlief ich mich im ultraorthodoxen Viertel in Jerusalem. Blöderweise konnte ich niemanden nach dem Weg fragen, denn orthodoxe Männer sprechen nicht mit Frauen. Geschlechtsgenossinnen waren nicht in Sicht. Ich war in der falschen Parallelwelt gelandet. Das kann hier schnell passieren. Israelis kommen aus über 60 verschiedenen Ländern der Welt, alle mit eigenen Sitten und Gewohnheiten. Vom In-Club zur streng orthodoxen Gemeinde sind es hier zuweilen nur wenige Kilometer. Nur selten stoßen die Parallelwelten aufeinander.

Und so stand ich als fleischgewordenes Beispiel eines solchen Aufpralls, aus der Welt der Säkularen – ja schlimmer noch, Atheisten – kommend, verloren herum, während Männer in schwarzen Anzügen und Hüten um mich herumhuschten. Eigentlich habe ich eine gute Orientierung. Zumindest war das in Deutschland noch so. In Israel jedoch überlagert das Gesamtchaos oft meine Orientierungsfähigkeit. Normalerweise kein Problem, sind doch die Israelis sehr hilfsbereit, was das angeht. Sowie sie jemanden sehen, der einen Stadtplan in der Hand hat, kommen sie auf einen zugestürmt und wollen helfen.

Nicht in dieser Welt. Die Orthodoxen haben ihre eigenen Regeln. Sie leben komplett abgeschottet von den Säkularen oder gar Nichtjuden. Wohnen in eigenen Stadtvierteln, besuchen eigene Schulen, lesen eigene Zeitungen und schauen kein Fernsehen. Ihr Internet ist kontrolliert, sodass sie nur Seiten, die orthodox-konform sind, aufrufen können. In bestimmten Buslinien in Jerusalem sitzen fast nur »Schwarze«, wie die orthodoxen Juden oft genannt werden. Das ist besonders doof, wenn die Männer dann einzeln alle Zweierplätze belegen. Sich als Frau danebenzusetzen geht nämlich nicht so einfach. Ein orthodoxer Mann darf partout keine Frau berühren, die er nicht geheiratet hat.

Normalerweise sehe ich die Schwarzen gerne. Ich finde, in Städten wie New York, London oder Paris geben sie dem Ganzen ein kosmopolitisches Flair. Schon immer dachte ich, dass das eines der Stadtbildmerkmale ist, was Berlin fehlt, um eine wahre Großstadt zu werden. Auch in Israel beobachte ich gerne, wie diese besonderen, aus einer völlig anderen Welt kommenden Wesen durch die Straßen ziehen.

Für die meisten säkularen Israelis jedoch stehen die Orthodoxen immer mehr stellvertretend für eine Bedrohung ihrer Freiheit. Denn während sie in anderen Ländern Minderheiten stellen, sind sie in Israel sehr kinderreich und auf dem Weg, eine Mehrheit zu werden. Auch arbeiten die meisten Orthodoxen in anderen Ländern. Im Heiligen Land jedoch leben zwischen 50 bis 70 Prozent der orthodoxen Juden von staatlichen Mitteln, und das, obwohl ein Teil von ihnen Israel nicht einmal anerkennt (sie glauben, dass nur Gott selbst den Staat Israel errichten darf). Schon jetzt stellen sie eine Partei, die als Teil der Regierung überall mitmischt und Gesetze durchsetzt, die für die noch die Mehrheit stellenden säkularen Israelis gar keinen Sinn machen.

So protestieren und blockieren die Orthodoxen, wo es nur geht, modern-weltliche Angelegenheiten. Ob das Plakat-werbungen für Dessous oder die für die Tram in Jerusalem geplanten »Tram-Fernsehbildschirme« sind. Am liebsten würden die meisten Orthodoxen eine abgeschottete Welt schaffen, die dem osteuropäischen Schtetl der letzten Jahr-hunderte ähnelt. Das tun sie in anderen Ländern auch, ohne jedoch von ihren Mitbürgern einen gleichen Lebensstil zu erwarten. An Israel aber haben sie einen anderen Anspruch. Israel ist der jüdische Staat (auch wenn sie ihn nicht an-erkennen). Und die Orthodoxen nennen sich selbst gerne die jüdischsten aller Juden. Nicht umsonst hat Ben Gurion bei der Staatsgründung ein Gesetz erlassen, das es den ortho-doxen Juden erlaubt, sich dem Thorastudium zu widmen und nicht arbeiten zu müssen. Das war vor allem eine Reak-tion auf den Zweiten Weltkrieg, in dem viele orthodoxe Ge-meinden ausgelöscht wurden. Der jüdische Staat sollte eine jüdisch-orthodoxe Basis haben. Nur, dass es damals unge-fähr 600 orthodoxe Männer in Israel gab. Heute sind es Hun-derttausende. Sie sind das Gegengewicht in einem Staat, der modern und aufgeschlossen sein will.

Modern und aufgeschlossen, wie auch ich es bin, fühlte ich mich etwas allein, als ich da so verirrt an einer Ecke im orthodoxen Jerusalem herumstand. Nach einer gefühlten Unendlichkeit entdeckte ich schließlich doch noch eine or-thodoxe Frau. Jüdisch-orthodoxe Frauen kann man daran erkennen, dass sie entweder ein Tuch oder eine Perücke auf dem Kopf tragen, damit man ihr Haar nicht sehen kann. Ich stürmte auf die etwa 20-jährige Frau mit Kinderwagen und Kylie-Minogue-Zweithaar zu. Sie sprach nur Jiddisch. Ach ja, manche Orthodoxe sprechen kein Hebräisch, weil das die Sprache der Thora ist und somit als heilig gilt. Ich versuchte es auf Deutsch. Da antwortete sie mir in breitem schweizerischem Dialekt. Sie kam aus Zürich. Wir sprachen plötzlich in unserer gemeinsamen Muttersprache. Es war fast wie zu Hause.

Als ich schließlich, auch mit ihrer Hilfe, zurück in Tel Aviv war und an einer Ampel wartete, sauste ein junger Orthodoxer mit Inlineskates an mir vorbei. Ich sah ihn von da an ständig. Manchmal hatte er ein Handy am Ohr, manchmal rollte er einen Kinderwagen vor sich her. Aber immer mit Inlineskates. Modern und aufgeschlossen geradezu. Vielleicht gibt es doch noch Hoffnung.

Raum

Letzte Woche warf sich mir ein 150-Kilo-Mann auf den Fuß.
Das ist in Israel keine Seltenheit. Wenn ich mich mit meinem
Lebensgeliebten zeitgleich in unserer Wohnung aufhalte,
habe ich manchmal das Gefühl, wir leben in einem Schuh-
karton. Ständig steht er auf meinen Füßen. Läuft in mich hi-
nein. Oder rammt mich. Es ist ein wenig, als wären wir auf
einem nicht enden wollenden Konzert der »Sex Pistols«. Ich
habe diese Poger schon immer gehasst. Die Krönung ist aber,
dass der heimische Schubser nach jedem Aufprall mir die
Schuld gibt. Immer stünde ich im Weg, sagt er.

Seit heute weiß ich, dass das nicht stimmt. Es liegt nicht an
mir. Es ist etwas Israelisches.

Meine norditalienische Freundin B., verheiratet mit einem
Israeli, weiß nämlich Ähnliches zu berichten. Ihr Mann G.
knallt ihr Einkaufswagen in die Hacken, stolpert beim Gehen
über sie oder prallt auf breiter Fläche frontal mit ihr zusammen. Ich kenne ihn. Er ist kein Drängler, sondern ein ganz
sanftmütiger, bedachter Mensch.

Die Erklärung für all die Rempelei ist so simpel wie er-
schreckend: Israelis kennen keinen persönlichen Raum.
Dieses individuelle, ganz eigene Territorium, in das bitte
niemand eindringen soll – eine Unbekannte. Das Konzept,
einen Sicherheitsabstand zu anderen Menschen zu wahren,
kommt in der israelischen Kultur einfach nicht vor. Hier

mag man Körperkontakt. Ob vor der Supermarktkasse, in der Schlange zur Toilette oder am Geldautomaten, überall spüre ich den Atem meines Hintermanns. Ich führe ein Leben wie im Hollywood-Psychothriller. Ganz à la »Ich weiß, was du letzten Sommer gemacht hast. Ich stand nur zwei Zentimeter hinter dir.«

In Europa gibt es ja kaum noch spürbare Grenzen. Und doch weiß jeder ganz genau, wo die eigenen sind. Man hält Abstand, gibt sich unverbindlich und stört einander nicht. Eltern klopfen an Türen, bevor sie Räume betreten, Kinder lernen früh, dass sie nicht jedem einfach auf den Arm springen können. Und Deutsche umarmen einander sowieso erst, nachdem sie sich jahrelang kennen. Hier ist das anders. So sehr das kleine Land von strikten, teils unübertretbaren Grenzen eingeschlossen ist, so wenig spielen Grenzen aller Art im Alltag eine Rolle. Menschen erzählen mir ohne großes Vorgeplänkel von Eheproblemen oder Identitätskrisen. Wildfremde Verkäufer legen mir ihre Arme um die Schultern. Und manchmal, wenn ich einfach nur mal so auf der Straße gucken will, bildet sich um mich herum eine Menschentraube, die sofort wissen will, was es da zu sehen gibt.

Privatsphäre ist hier einfach nicht angesagt. Indiskrete Fragen gibt es nicht. Israelis sind sich sehr schnell sehr nah. Und finden das super. Auch im Ausland weiß man das. Ob Indien oder Chile: Jeder kennt die Israelis. Sie treten am liebsten in großen Gruppen auf und hängen wie die Hühner aufeinander. Wir Psychologen sprechen da gerne vom *crowding*. Falls Sie sich jetzt fragen, was das genau ist, kann ich Sie nur herzlich einladen, den Tel Aviver Markt einmal zu besuchen. Sie werden sich, festgezurrt wie ein Weihnachtspaket, mit üblen Trittwunden versehen und geistig verwirrt, in einer Menschentraube wiederfinden. Wie Sie dahin gekommen sind, werden Sie nicht wissen. Aber ich kann Ihnen versichern, ganz nah hinter Ihnen wird jemand stehen, den Sie fragen können. Und der wird Sie dann umarmen, und Sie werden glücklich sein. Ganz undeutsch.

Die Sprache

Neulich verlangte ich in der Post einen Pimmel. Ein paar Tage später schwadronierte ich über die Ruhe und Leichtigkeit im Urinal. Gestern dann bedankte ich mich für das interessante Kleid nach einem langen Gespräch. Und ich erinnere mich noch gut, wie mein wunderbarer Lebensfreund meinen Vater nach seinem Oberlippenbart befragen wollte und stattdessen über seine »Schnauze« sprach.

Offensichtlich scheinen sämtliche Sprachen der Welt so konstruiert zu sein, dass arme Sprachneulinge sich wenigstens ab und zu komplett zum Deppen machen. Sowieso bleiben Sprachen mir persönlich immer unheimlich. Sie sind wie Verwandlungskünstler, die man nie so recht zu durchschauen weiß. Selbst die eigene Muttersprache scheint, je nach sprachlicher Kompetenz mehr oder weniger, ein ewiges Rätsel zu bleiben. Wiederholen Sie doch zum Beispiel das Wort Beispiel mehrmals. Irgendwann scheint es absurd. Erst klingt es wie Ballspiel, und zum Schluss können Sie sich partout nicht mehr vorstellen, dass dieses Wort in irgendeinem Zusammenhang Sinn macht.

Eine vollkommen neue Sprache zu erlernen treibt diese universale Sprachrätselhaftigkeit auf die Spitze. Da kann man noch so lange studiert haben oder noch so viel Lebenserfahrung mitbringen: Beim Sprachenlernen sind wir plötzlich alle wieder Hosenmatze. Erfinden mit Inbrunst Fantasiewörter, brabbeln unverständliche Wortsilben und werden ständig von Erwachsenen verbessert. Oder verlangen eben statt einer Briefmarke einen Penis. Ein unwürdiger Zustand. Und israelische Sprachlehrerinnen sind da keine große Hilfe.

Israelische Frauen neigen generell zu einer dominanten Art. Meine Schwiegermama in spe zum Beispiel macht regelmäßig Stadtbeamte oder Kommunalpolitiker rund. Wohl zu Recht, aber ich frage mich doch, woher das kommt. Sie stammt ursprünglich aus einer irakischen Familie, denen man ein eher traditionelles Frauenbild nachsagt. Vielleicht liegt es an der zweijährigen Wehrpflicht, die hier auch für Frauen gilt. Immerhin hängt in der Familienküche ein Foto meiner uniformierten Schwiegermutter. In der Hand hält sie ein Maschinengewehr.

Aber israelische Sprachlehrerinnen gehen darüber weit hinaus. Sie sind eine Art Mutation aus der genetischen Verschmelzung von Lara Croft und Rambo. Es muss sich bei der von ihnen ausgehenden Dominanz und Stärke um eine unabdingbare Voraussetzung für den Beruf »Hebräischlehrerin« handeln. Denn alle, die ich bisher kennengelernt habe, scheinen den gleichen genetischen Pool zu teilen. Wahrscheinlich treten diese Sprachamazonen zum Vorstellungsgespräch die Tür ein und legen dann erst einmal die Einrichtung in Schutt und Asche.

Die Erstaunlichste von allen ist aber meine Lehrerin Y. Sie schreit uns fast 90 Minuten lang mal positiv erregt, mal negativ erschlafft an, und wenn wir Fehler machen, lacht sie uns auch gerne mal aus. Die arme Chinesin in der ersten Reihe entwickelt langsam einen Buckel vom ganzen Ducken. Gerade bei den beiden treffen Welten aufeinander. Denn der

Dominanzanforderung ist es wohl auch geschuldet, dass israelische Sprachlehrerinnen obendrein nicht besonders sensibel sind.

Aber mit Sensibilität kommt man in diesem Land eh nicht weiter, weswegen die Sprach-Dominas durchaus Sinn machen. Eine Sprache zu pauken bedeutet ja ultimativ auch, eine Kultur zu erleben und zu erlernen. Ein Beispiel: Im Hebräischen gibt es keinen klassischen Imperativ. Die Befehlsform wird vielmehr durch die Zukunftsform ausgedrückt. »Lern die Sprache« wäre also »Du wirst die Sprache lernen«. Hier präsentiert sich eine ganz andere Entschlossenheit als im ordinären Befehl. Anders als der Deutsche, der nur auffordert, etwas zu tun, geht der Israeli von Anfang an davon aus, dass der andere tun wird, was man will. Eine Kulturlektion. Israelis mögen nicht sensibel sein, aber dabei sind sie sehr überzeugend.

Die Synagoge

Israelis gehen nicht gerne spazieren. Jogging ist beliebt. Walking auch. Aber der klassische Spaziergänger mit im Rücken verschränkten Händen und schweifendem Blick begegnet einem hier nicht. In meiner Familie lieben wir Spaziergänge. Nach dem Essen, vor dem Essen und dazwischen. Ein Albtraum für meinen israelischen Lebensfreund. Wenn meine Eltern voller Tatendrang auf den Tisch klopfen, auf das schöne Wetter hinweisen und vom Stuhl aufspringen, dann schaut unser Import-Familienmitglied nur wehleidig in Richtung Stubensofa.

Es gibt allerdings einen Tag im Jahr, da sind die Israelis wie ausgewechselt: Fröhlich schwatzend findet man sie dann auf den hiesigen Straßen. Kilometer um Kilometer laufen sie bergauf, bergab. Dieser Tag ist Jom Kippur. Der höchste Feiertag in der jüdischen Religion. Der Versöhnungstag.

Am höchsten Feiertag in Deutschland hängt man funkelnde Anhänger an schöne Tannen. Man sackt Geschenke ein und rollt sich vollgefressen von einem Sessel zum anderen. Am höchsten Feiertag in Israel darf man 25 Stunden lang nichts essen oder trinken. Sich waschen oder fernsehen ist ebenso verboten. Auto fahren sowieso. Eigentlich ist alles verboten. Es wie ein Extrem-Sabbat, an den sich, im Gegensatz zum normalen Sabbat, ziemlich viele Israelis halten. Das Einzige, was bleibt, ist also spazieren gehen.

Und so machten sich auch meine Schwiegerfamilie und ich auf den Weg. Mein Lieblingsmann wollte in diesem Jahr unbedingt in die Synagoge. Nun muss man dazu sagen, dass meine Schwiegerfamilie zwar traditionell, aber wahrlich nicht religiös ist. Das bedeutet: fasten ja, beten nein. Die Begeisterung hielt sich also in Grenzen. Aber da Jom Kippur nun wirklich kein Tag zum Streiten ist, suchten wir auf unserem Spaziergang nach einer passenden Betstätte für meinen Liebsten. Nun könnte man ja glauben, Synagoge sei Synagoge, aber so einfach ist das natürlich nicht. Denn jede Synagoge hat ihren eigenen Stil. »In *die* Synagoge gehen nur die Marokkaner.« – »Ich will aber nicht in die irakische Synagoge.« »Vielleicht können wir zu den Äthiopiern.« – »Nein, ich bevorzuge die orthodoxe Art zu beten.«

Schließlich enterten wir einfach die Erste, an der wir vorbeikamen. Wir Frauen setzten uns, wie in den meisten Synagogen üblich, hinter eine Spitzengardine, die uns von den Männern trennte. Im vorderen Bereich des Saals standen mein wunderbarer Freund und sein Bruder etwas verloren zwischen den eingefleischten Gläubigen herum. Als Einzige hatten sie keinen Gebetsschal, Tallit, dabei und trugen keine weißen Hemden. Sie sahen ein bisschen aus wie zwei Giraffen, die sich in eine Nashornherde verirrt hatten. Daher beschloss meine Schwiegermama, schnell noch einmal nach Hause zu flitzen, um die passende Gebetsausrüstung zu holen. Diese Gelegenheit nutzen auch meine beiden Schwägerinnen, um das Gotteshaus zu verlassen und stattdessen draußen auf der Bank zu klönen.

Nur kurz danach sah ich, wie mein Schwager ebenfalls aus der vorderen Tür hinausschlüpfte. Wenige Minuten später folgte ihm dann meine bessere Hälfte. Als ich nun also die Einzige der Familie war, die noch auf den Holzbänken das Gebetbuch hochhielt, verschwand auch ich. Draußen war die Familie sich einig, dass diese Synagoge nun wirklich langweilig gewesen sei. Wir zogen also weiter. Die nächste Station war die Chabad-Gemeinde. Die ist allerdings neu in der Kleinstadt der Schwiegereltern und deswegen provisorisch in einem Bunker untergebracht. Unter der Erde ließ es sich aber, Religion hin oder her, ohne Klimaanlage nun gar nicht aushalten. Abgesehen davon, dass die Frauen wohl aus Platzmangel in eine Art Abstellkammer abgeschoben wurden.

Wir also wieder nichts wie weg. Mein wunderbarerer Lebensbegleiter neben mir war höchst unzufrieden. Auch der dritte Synagogen-Versuch änderte daran nichts. Es war, wie es war, keine Synagoge entsprach seinem Stil. Er mag es nämlich, seitdem er in Berlin war, aschkenasisch. Also eher europäisch. In seiner Heimatstadt gibt es aber vor allem orientalische Juden, weswegen die Synagogen natürlich dementsprechend ausgerichtet sind.

20 Stunden und einen Jom Kippur später nahm uns ein Freund der Familie in seinem Auto nach Tel Aviv mit. Wir fuhren in einer schwarzen Riesen-Limousine, die sich selbst ein- und ausparkte. Es gab Fernsehen und eine Massagefunktion auf den Vordersitzen. Mitten auf der Autobahn schauten wir eine Musik-DVD von Sting. Mein wunderbarer Lebensgefährte drückte begeistert auf alle Knöpfe. Er lachte und sah sehr glücklich aus. Ich glaube, es sollte wohl mehr Synagogen mit Massagefunktion geben.

Modeerscheinung

Als ich vor einigen Jahren das erste Mal meinen wunderbaren Lebensgefährten in seiner Heimat besuchte, dachte
ich, alle Israelis arbeiten in Gärtnereien. Oder sind gerade
auf dem Weg in ihr Haus mit Baumschule oder leben zumindest im Kibbuz. Das lag daran, dass fast alle Männer und
Frauen Kunststoffschuhe der Marke Crocs (oder einer israelischen Kopie) trugen. Ich spreche von den knallig bunten,
hinten offenen Schuhen mit leicht erhöhter Ferse und einem
Halteriemen am Hacken. Als mir klar wurde, dass ein Dro-
geriefachverkäufer in Tel Aviv mit diesen Schuhen nicht ins
Grüne will, war ich entsetzt.

Seitdem habe ich verstanden, dass Mode in Israel ein
schwieriges Thema ist. Besonders Schuhe scheinen ein Problem für das hebräische Volk zu sein. Wenn die Frauen nicht
in Gummischuhen steckten, trugen sie früher Plateauschu-
he, und das 15 Jahre nach den Neunzigern. Die hübschesten,
zierlichsten Mädchen steckten ihre zarten Füße in die häss-
lichsten, klobigsten, unförmigsten Botten. Denn ihre Pla-
teauschuhe waren nicht solche mit schickem Keilabsatz, die
Schuhe, von denen ich spreche, hatten eine durchgehende,
circa fünf bis zehn Zentimeter dicke Sohle.

Und so walzte das weibliche Volk auf Autoreifen durch
israelische Straßen, während die Männer fast alle Turn-
schuhe anhatten. Ich finde, dagegen ist ja nichts einzuwen-

den, ab und zu oder wenn man zum Joggen will. Aber israelische Männer treiben das mit dem legeren Stil etwas zu weit. Die Israelis, die man im deutschen Fernsehen sieht, tragen immer Uniformen oder Anzüge. Das ist ein großes Täuschungsmanöver. Israelis tragen nämlich gar keine Anzüge. Weder bei Hochzeiten (abgesehen von *vielleicht* dem Bräutigam, der aber dann äußerst selten auch noch eine Krawatte umgebunden hat) noch bei Beerdigungen. Selbst an der Börse in Tel Avivs Ahad-Haam-Straße oder in den Chefetagen großer Unternehmen sieht man nur Männer in Jeans und T-Shirt herumlaufen.

Außerdem mögen israelische Männer Kleidungsstücke, auf denen Drachen Feuer speien. Als ich meinen wunderbaren Lebensgefährten kennenlernte, trug er eine Flammen-Badehose. Was genau will man denn mit einer Flammen-Badehose sagen? Ich habe viele Jahre darüber nachgedacht, und heute weiß ich, er wollte gar nichts aussagen, er fand es einfach cool.

Die schicksten Israelis sind eigentlich die orthodoxen Juden. Immerhin tragen sie ausschließlich schwarze Anzüge und tolle Hüte. Manche jüdisch-orthodoxe Strömungen kleiden sich auch in eine Art schwarzen Satinmorgenmantel. Ungewöhnlich, aber hat was. Und die Pelzhüte sind ja sowieso einzigartig (natürlich fände ich es als Tierfreund noch besser, wenn es sich dabei um falsches Fell handeln würde). Vom Knie an geht es dann jedoch abwärts. Oft sind die Hosen der orthodoxen Männer zu kurz und wiederum die Schuhe ein Problem, weil hässlich, altmodisch und ausgelatscht. Aber wenigstens kann man bei den Orthodoxen anhand der Kleidung einschätzen, mit wem man es zu tun hat.

Bei dem Rest der säkularen Israelis ist das unmöglich. Eine Mittvierzigerin mit bauchfreiem Top und hautengen Jeans könnte gut und gerne in meiner Bank arbeiten. Eine junge Frau in langweiligem schwarzem Kellnerinnen-Kleid bei einer Modezeitschrift. Und ich erinnere mich noch an den Moment, als ich das erste Mal P., einen Freund von mir traf. Er saß auf seiner kleinen Terrasse mit blonden, kinnlangen, strähnigen Haaren wie eine Reinkarnation von Kurt Cobain und rauchte einen Joint. Seine Jeans waren zerrissen und sein T-Shirt irgendeiner Rockband gewidmet. Als ich ihn fragte, was er denn eigentlich beruflich mache, antwortete er: »Ich bin Anwalt.« In Deutschland tragen selbst Jurastudenten schon einen Einheitslook aus blauweißen Hemden und Poloshirts mit aufgestelltem Kragen (das ist dann der rebellische Freizeitlook). Ich muss sagen, ich finde das alles ein bisschen verwirrend. Für mich ist Mode ein Statement. Je nachdem, wie ich mich fühle oder was ich vorhabe, kleide ich mich. Gehe ich zum Rockkonzert, werde ich sicherlich kein Blüschen anhaben. Will ich dagegen zu einem wichtigen Termin und ernst genommen werden, kleide ich mich seriöser.

In der hebräischen Sprache dagegen gibt es keine Differenzierung zwischen seriös und ernst. Vielleicht gibt es auch deswegen im hebräischen Leben keine uniformierte Arbeitskleidung oder einen übergreifenden Konsens, was eine seriöse Garderobe ist. Die Konservativen hier sind, anders als in Europa, nicht anhand ihrer Kleidung zu erkennen. Sie schmückt kein Perlenschmuck, und in ihren Armbeugen baumeln keine Le-Pliage-Taschen von Longchamp.

Neulich traf ich dann übrigens wirklich mal einen Gärtner. Er trug ein Hemd mit Feuer speienden Drachen.

Das Wetter

Ich rede nur noch ungern übers Wetter. Es gibt nichts mehr zu sagen. Seit mehr als vier Monaten schwitze ich im Nahen Osten. Jeden Gang nach draußen wäge ich ab. Schattige Straßen habe ich mir im Stadtplan markiert. Große, nicht überdachte Plätze meide ich. Ich dusche dreimal am Tag oder immer, wenn ich außer Haus war. Der Wohnungsputz erinnert an Bikram-Yoga. Und ich mag Sport nicht. Obendrein liegt die Luftfeuchtigkeit um die 80 Prozent, weswegen meine Haare sich ständig unangenehm und unaufhaltsam am Kopf entlangkräuseln. Ich löse mich langsam auf. Ich kann nicht mehr. Ich will, dass diese Hitze endlich aufhört.

In Deutschland war der Sommer natürlich kurz und regnerisch. Abgesehen von einer kleinen Hitzewelle war es im September schon Herbst. In Israel sagen alle, dass dies der härteste Sommer seit zehn Jahren sei. Hier gibt es keine Jahreszeiten. Es gibt nur Sommer und weniger Sommer. Ich würde gerne mit deutschen Freunden darüber sprechen (Israelis sind ja an die Hitze gewöhnt), aber sie hören mir nicht zu. Sobald ich von meinem Dampfbadleben erzähle, sagen sie: »Ach ja, du Arme. Ist schon furchtbar, wenn man jeden Tag an den Strand muss.« Dabei kann ich nicht einmal mehr an den Strand! Ich bin schon jetzt so braun wie Dieter Bohlen und Thomas Anders zusammen.

Das Wetter hier ist wie alles extrem. Extrem heiß, staubig, luftfeucht. Und wehe es regnet!

Anfang Oktober prasselte der erste Platzregen des jüdischen Jahres (das beginnt mit dem Feiertag Rosh Hashana im September) auf Tel Aviv herunter. Es war erlösend. Ich saß mit meiner Freundin S. am Fenster und roch den Regen. Doch dann stand die ganze Stadt innerhalb weniger Minuten unter Wasser. Sturzbäche fluteten die Straßen und rissen mit sich, was nicht befestigt war. Man konnte sich kaum noch fortbewegen, denn alles von Gehweg bis Fahrbahn war sofort spiegelglatt.

Israelis können mit Regen nicht gut umgehen. Die eine Hälfte erstarrt und blickt ungläubig in den Himmel, die andere verursacht einen Unfall. So auch mein wunderbarer Lebensgefährte. Er kam gerade mit dem Motorroller aus dem Supermarkt, als er Milch, Wasserflaschen und Toastbrot gleichmäßig über den Asphalt verteilte. Hinter ihm krachten zwei Linienbusse zusammen. Chaos und Panik brachen aus. Danach sprach er wochenlang mit stolzgeschwellter Brust über seinen Crash. Immerhin hatte er etwas zum Wetter zu berichten, für das man sich auch in Deutschland interessierte.

Wenige Tage nach dem katastrophalen Niederschlag kamen meine Eltern zu Besuch. Ich hatte ihnen gesagt, dass es langsam kühler würde im heißen Land, der Regen hatte frische Luft gebracht. Wie sehr ich falschlag, wurde am Tag ihrer Ankunft deutlich. 37 schwüle Grad und strahlend blauer Himmel straften mich Lügen. Es war die Hölle. Meine Mutter schaute mich vorwurfsvoll an, während sie dicke Blazer und lange Hosen in den Tiefen unseres Kleiderschranks verstaute. Mein Vater musste seine zwei kurzen Hosen sieben Tage lang abwechseln tragen. Meistens saß er sowieso irgendwo halb nackt in der Wohnung und keuchte. Und selbst Jerusalem, von dem ich versprach, dass es immer kühler sei, war tropisch wie nie, als wir es besuchten.

Ich kann beim Thema Wetter einfach nichts mehr richtig machen. Selbst zum Small Talk ist es mittlerweile ungeeignet. Als ich neulich auf einer deutschen Tagung in Israel wichtigen Leuten vorgestellt wurde, sagte ich deshalb nur: Mein Name ist Katharina Höftmann und ich befinde mich auf dem Weg zum Büfett. In den Augenwinkeln sah ich Cem Özdemirs verwunderten Blick. Was soll ich sagen. Es gab sonst nichts zu besprechen, die Deutschen mochten die Hitze auf Zeit. Dabei war das Wetter immer mein Lieblingsthema gewesen. Ein leichter Einstieg in ein freundliches Gespräch. Doch inzwischen graupelt und frostet es in Deutschland wieder, und man muss Autoscheiben kratzen, während hier immer noch Hochsommer ist.

Der Wetterzug ist abgefahren für mich. Das Thema hat sich erledigt. Small Talk werde ich nun wie jeder Israeli nur noch übers Essen führen oder ganz sein lassen. Vielleicht sollte ich mir eine Freizeitbeschäftigung zulegen, die man bei jedem Wetter machen kann. Und jetzt kommen Sie mir bloß nicht mit Hobby Meteorologie.

Die israelische Frau

Neulich sah ich am Bahnhof in Tel Aviv zwei junge Mädchen mit langen, vollen Haaren und Maschinengewehren. Die beiden knapp 20-Jährigen leisten ihren Militärdienst in einer Infanterie-Einheit ab. Dort bringen sie meist männlichen Soldaten bei, Raketen zu schießen, Waffen zu bedienen oder einen Panzer zu fahren. Die Mädels waren ausgesprochen hübsch und zierlich. Sie hätten auch gut und gerne als 16-Jährige durchgehen können. Während ich mit ihnen sprach, kicherten sie aufgeregt und albern. Nichts schien mir absurder, als dass diese beiden Teenager männlichen Soldaten Panzer oder Maschinengewehre erklärten.

Die israelische Frau ist ein Enigma. Sie ist schön und stark. Anspruchsvoll und feminin. Sie sagt, wo es langgeht, vor allem ihrem Mann. Sie ist ein weiblicher Macho in einem Land, das von einer männlichen Machokultur geprägt ist. Sie ist Mutter und Geschäftsfrau. Köchin und Model. Sexy und kritisch. Albern und aggressiv. Zickig und anschmiegsam. Dominant und lustig. Sie strotzt vor Kraft und Charisma, je älter sie wird. Und vor allem ist sie klug. Da überrascht es nicht, dass das israelische Außenministerium immer wieder Anfragen von arabischen Scheichs erhält, die gerne eine solch »schöne und kluge israelische Frau erwerben würden«, wie die israelische Zeitung *Jediot Aharonot* vor einiger Zeit berichtete.

Israelische Frauen sind einzigartig. Während ihre Geschlechtsgenossinnen auf der ganzen Welt damit kämpfen, stark und gleichzeitig feminin, Karrierefrau und gleichzeitig Mutter und Ehefrau zu sein, scheinen sie diesen Spagat der Rollen mit Leichtigkeit zu schaffen. Sie bekommen mehr Kinder als die Frauen in allen anderen Industrienationen, obwohl sie drei Monate nach der Geburt schon wieder arbeiten gehen müssen und es eine schlechtere Infrastruktur an Kindergärten gibt als beispielsweise in Deutschland. Aber auch in Israel stößt die Frau an ihre Grenzen. Diese sind hier ultraorthodoxer Art.

Im ultraorthodoxen Judentum dankt der Mann jeden Morgen Gott, dass er ihn nicht als Frau erschaffen hat. In der hyperreligiösen Welt sollen Frauen in Bussen hinten, getrennt von den Männern, sitzen. In orthodoxen Synagogen tun sie dieses seit jeher. An der Klagemauer sind sie in eine kleine Ecke der langen Wand verbannt, von den Herren der Schöpfung getrennt. Auch dort dürfen sie manche Gebete nicht beten, weil sie Männern vorbehalten sind. Außerdem verweigern orthodoxe Männer ihren Frauen immer wieder die Scheidung. Während die Männer in diesem Zustand Kinder zeugen können, die weiterhin als Juden anerkannt sind, können Frauen zwar Kinder bekommen, aber diese gelten dann als »Mamser« (zu Deutsch ungefähr Bastarde) und dürfen keine Juden heiraten. Zumindest nicht vor dem orthodoxen Rabbinat. Und da die rabbinischen Gerichte in Israel ausschließlich von orthodoxen Männern besetzt sind, werden Frauen von ihnen oft benachteiligt, obwohl der Staat hundertprozentige Gleichberechtigung verspricht.

Aber so schwarz und weiß ist es auch bei den Ultraorthodoxen nicht. Mädchen bekommen hier nämlich oft eine bessere Ausbildung. Und mehr orthodoxe Frauen als Männer gehen arbeiten und verdienen das Geld für die Familie. Es mag aus den falschen Gründen sein (das Höchste für einen ultraorthodoxen Juden ist das ganztägige Studium der Thora, und das ist Männern vorbehalten), aber es ändert nichts an der Konsequenz. Ultraorthodoxe Frauen sind aus weltlich-westlicher Sicht oft gleichberechtigter und besser in die arbeitende Gesellschaft integriert als ultraorthodoxe Männer und leider auch arabisch-israelische Frauen. Die Zahl der nicht arbeitenden arabisch-israelischen Frauen ist nämlich die höchste im Land. Woran es liegt, weiß ich ehrlich gesagt nicht, aber mehr als 70 Prozent von ihnen sind nicht berufstätig. Zum Vergleich: Bei den ultraorthodoxen Frauen arbeiten 50 Prozent nicht, und bei den säkular-jüdischen Frauen sind nur 20 Prozent ohne Job.

Trotzdem scheint die Frauenbewegung im Heiligen Land gar nicht so bedeutend. Während ich in Deutschland einen ausgeprägten Sinn für Feminismus pflegte und auch viele meiner deutschen Freundinnen sich mit Fragen der Gleichberechtigung beschäftigen, ernte ich von israelischen Frauen oft nur verständnislose Blicke, wenn ich mich über die Ungerechtigkeiten dieser Welt gegenüber Frauen ereifere. Die Alice Schwarzer Israels heißt Shulamit Aloni und kämpft vor allem für Menschenrechte im Allgemeinen. Die Wahrheit ist, dass viele israelische Frauen die Diskussion über Feminismus für obsolet halten. Dafür habe ich gehört, dass es jetzt mehrere Gruppen von israelischen Männern gibt, die sich dem Kampf für »Männerrechte« und »Antifeminismus« anschließen.

Es wundert mich nicht.

Wiedergeburt contra Leben

Deutsche Feiertage sind ja bekanntlich vom Christentum beeinflusst. Bei uns geht es dementsprechend meistens um Geburt, Erlösung, Auferstehung und Geschenke. Und sogar den traurigsten Anlässen können deutsche Feiernde noch etwas Positives abgewinnen: Oder wie kann man sich sonst erklären, dass selbst an Ostern, wo immerhin der arme Jesus gekreuzigt wurde, fröhliche Kinder durch Gärten krabbeln und Süßes suchen?

Jüdische Feiertage sind etwas anders. Bei ihnen geht es um leiden, entkommen, verfolgt und gerettet werden. Theoretisch.

Seitdem ich in Israel lebe, fragen mich viele Deutsche, was das mit dem Judentum denn nun auf sich hat. Ab und zu nutze ich die Gelegenheit, um über jüdische Geschichte, Tradition und Lebenseinstellung zu schwadronieren. Meistens zitiere ich nur, wie viele Juden ihre Feiertage beschreiben würden: »Sie haben versucht uns zu töten, wir haben überlebt, lasst uns essen.« Ja, Essen, die Essenz des Lebens, spielt eine unverzichtbare Rolle bei jedem jüdischen Feiertag (auch an jedem anderen Tag, aber lassen wir das). Auch bei uns stehen Mütter und Väter durchaus an Feiertagen stundenlang in der Küche, aber während Gänse und Fische gebraten werden, läuft im Hintergrund meist ruhige Musik, und alle machen leise Feiertagsgesichter.

Wie Sie sich vorstellen können, ist das in Israel anders. Israelis sind an Feiertagen extra laut. Grölend und brüllend mampfen sie ihr Zehn-Gänge-Menü, während Lärm- und Alkoholpegel mit rekordverdächtiger Geschwindigkeit in die Höhe schnellen. Zur Verteidigung muss man sagen, dass in deutschen Familien im Durchschnitt sechs Leute zusammenkommen, während es hier in Israel locker 50 sind. Trotzdem werde ich den Eindruck nicht los, dass religiöse Belange an jüdischen Feiertagen in Israel schon einmal untergehen. Denn, wenn man mal ehrlich ist, Essen schlägt hier immer Religion.

Wenn nun also diese beiden unterschiedlichen Feiertagskulturen aufeinandertreffen, wird es wirklich interessant. Und so war das erste Mal, als ich mit meinen Eltern Feiertage israelischer Art beging, mehr als unterhaltsam. Zugegebenermaßen entstamme ich einer Familie von Schnapsdrosseln. Und mein Vater ist sozusagen der Vogelkönig. Auf jeder unserer Familienfeiern, bei denen Alkohol immer Essen schlägt, ist er der *last man standing* und tänzelt auch noch dann durch den Saal, wenn alle anderen schon rotzbesoffen in der Ecke liegen. Trotzdem glaube ich, dass sogar er von der stürmischen Art, jüdisch-israelische Feiertage zu gestalten, überrascht war. Anders kann ich mir nicht erklären, dass wir ihn am Ende des Abends erschöpft auf der Tanzfläche fanden. Die Kippa, statt auf den Hinterkopf geklemmt, tief ins Gesicht gerutscht.

Ich verstehe ihn gut. Auch ich war erschlagen von Lärm und Lebendigkeit, als ich meine ersten Feiertage in Israel verbrachte. Lebendigkeit ist übrigens das Schlüsselwort. Denn das scheint der wesentliche Unterschied zwischen deutschen und jüdischen Feiertagen zu sein. Die deutschen Christen feiern ihren Messias. Die Juden sich selbst. Einmal mehr haben sie es geschafft zu entkommen. Einmal mehr konnten sie einer Katastrophe entgehen. Es ist also kein Wunder, dass sie so glücklich, laut und lebhaft sind – immerhin sind sie dem Tod mal wieder von der Schippe gesprungen. Ich versuche derweil ein guter Immigrant zu sein und passe mich dem verbreiteten Futter- und Schreiverhalten zu gegebenem Anlass brav an. Und mein Vater? Der will jetzt unbedingt Rabbi werden.

Weihnachtswunder

Gestern irrte ich am Checkpoint Bethlehem herum. Dieser Grenzübergang trennt Israel von den palästinensischen Autonomiegebieten. Er heißt eigentlich »Rachels Tomb«, weil sich dort das Grab von Rachel, eine der Mütter der Stämme Israels, befinden soll. Nachdem ich am späten Nachmittag die Halle betreten hatte, deren Ausgang zurück nach Israel führen sollte, stand ich alleine in dem kalten großen Raum. Rechts von mir führten verwinkelte Gänge zu metallischen Drehgittern, links von mir hingen Plastikgrünpflanzen an der Wand. Ich finde Plastikgrünpflanzen schon schlimm genug, aber zu allem Übel wusste ich nicht, wo ich hin sollte. Keine der Drehtüren zeigte ein grünes Ampellicht. Nirgendwo war eine Menschenseele zu sehen. Nur stumme Kameras schauten mich an.

Am Ende des Ganges befand sich eine Tür, auf der in Grün »Exit« stand. Ich öffnete sie ein Stück, aber sie schien ins Nichts zu führen. Ich lief auf und ab, rief »Hallo, Hallo, Schalom, Schalom«. Nichts. Als ich die Exit-Tür nochmals öffnen wollte, war sie wie von Zauberhand geschlossen. Wahrscheinlich saßen irgendwo, wie früher Hans Elsner bei der »Versteckten Kamera«, junge Soldaten vor milchigen Bildschirmen und lachten sich tot über mich. Nach einer gefühlten Ewigkeit hörte ich schließlich aus knarrenden Lautsprechern eine unfreundliche Stimme, die mich informierte, dass das »Gate« nun geöffnet sei. Sie kam aus dem Nichts. So fühlt man sich also, wenn man Gott hört, dachte ich.

Ich war nach Bethlehem gefahren, um ein bisschen Weihnachtsflair zu finden. Es ist nicht so, dass ich besonders weihnachtsverrückt bin. Aber im jüdischen Staat merkt man leider so gar nichts von besinnlicher Stimmung. Der blaue Himmel und die 20 Grad helfen auch nicht gerade. Also dachte ich mir, wohin zu Christus' Wiegenfest, wenn nicht nach Bethlehem. Und tatsächlich, die Stadt in der Westbank war nicht nur weihnachtlich mit Lichtern dekoriert, an jeder Ecke standen Weihnachtsmänner und glitzernde Bäume. Aus Souvenirläden tönte »Jingle Bells« auf Arabisch. Es war also praktisch wie zu Hause. Meine erste Station auf der Suche nach dem Fest der Liebe war der Franziskanermönch Brother Louis, der direkt neben der Geburtskirche Jesu im Kloster lebt.

Der grauhaarige, bärtige 64-jährige Mann sah in seiner braunen Kutte auch tatsächlich wie der Weihnachtsmann persönlich aus. Wer aber bei Brother Louis eher an Modern Talking denkt, liegt gar nicht so falsch. Nicht nur mochte der andauernd stark hustende Mönch Weihnachten nicht und fand das Ganze irgendwie verlogen, er eröffnete mir auch noch, dass er seine eigentliche Berufung darin sehe, Manager von einem jungen palästinensischen Hip-Hoper zu sein. In der Hoffnung, doch noch ein Stück weihnachtliche Stimmung in der Kirche aller Kirchen mit Brother Louis zu finden, ließ ich mich von ihm überzeugen, bei der Prozession mitzumachen. Jeden Tag um zwölf Uhr schreiten die Franziskanermönche nämlich feierlich durch die Katakomben zwischen Geburtskirche und katholischer Kirche nebenan.

Sieben Mönche, eine Nonne, ein Priester, ein Teilzeit-Religiöser (es handelte sich hierbei um einen arabischen Familienvater, der täglich zur Prozession kommt, sich in einen festlichen Umhang wirft und das religiöse Ritual mit leitet) und ich. Die Atheistin. Leicht verunsichert trabte ich mit einer Kerze in der Hand den singenden Mönchen hinterher. Die beiden Chef-Prozessoren schwenkten schwungvoll die Rauchfässer mit Weihrauch. Wir kletterten über steile Treppen durch verwinkelte Gänge von der Geburtsstelle in einen Kellergang. Der Weihrauch biss mir in Nase und Augen. Nun war mir auch klar, woher Brother Louis' Husten kam. Einzig allein ein schwarzer Mönch mit Adidas-Turnschuhen gab mir das Gefühl, doch nicht ganz fehl am Platz zu sein.

Kurz nach diesem eher absurden als weihnachtlichen Erlebnis saß ich im Büro von Khouloud Daibes-Abu Dayyeh. Die ehemalige Hannoveranerin ist seit 2007 palästinensische Ministerin für Tourismus und Altertümer. Für sie ist Bethlehem vor allem eine symbolische Verbindung zur »richtigen Welt«, denn, so beschreibt es die 44-Jährige: »Wir besitzen historische und religiöse Stellen, die für die ganze Welt eine Bedeutung haben.« Auf ihrem Tisch standen ein Weihnachtsgedeck und ein Korb mit Plätzchen. An der Wand hingen die Portraits von Arafat und Abbas. Frau Daibes ist Katholikin. Sie vermisse einiges aus Deutschland, sagte sie mir. Weihnachten, die Stimmung, die Kälte. Aber vor allem fehle ihr die Ordnung.

Nun war ich also nach Bethlehem gefahren, in die Geburtsstätte von Jesus und damit auch Weihnachten. Und was fand ich? Eine christlich-palästinensische Ministerin, der die deutsche Ordnung fehlt. Immerhin eine Seelenverwandte.

Als ich die Stadt verließ, hörte ich wie von weither Brother Louis krächzen. Vielleicht rappte er auch gerade seinen neuesten Anti-Weihnachts-Song. An die Mauer, die Israel vom zukünftigen Palästina trennt, hatte jemand in grün-roter Farbe Weihnachtsbäume und »Merry Christmas from Bethlehem Ghetto« gesprayt. Ich machte mich auf den Weg zum leeren Checkpoint, wo mir gleich Gott begegnen würde. Zurück im Bus nach Tel Aviv sang Barbara Streisand »Woman in love«. Aber wen wunderte das noch.

Land der unbegrenzten Sonderangebote

Israelis lieben Dealim.

Dealim ist der hebräische Plural für das englische Wort »Deal«. Das moderne Hebräisch, auch Iwrit genannt, wurde ja erst Ende des 19. Jahrhunderts so richtig entwickelt. Vorher war Hebräisch so tot wie Latein und lediglich in der Bibel zu finden. Erst die Zionisten belebten die heilige Sprache wieder, um eine Landessprache für den noch zu gründenden Staat zu haben. Es gibt deswegen viele, gerade moderne Wörter, die aus anderen Sprachen entlehnt sind. Dazu gehören auch Schluck, Kiosk, Zimmerim (Mehrzahl von Zimmer) und eben die Dealim.

Als Israel gegründet wurde, war es so etwas wie die DDR. Es gab den Sozialismus und Kibbuzniks, die alle für eine gemeinsame Kasse arbeiteten und in großen Speisesälen aßen. Vielleicht sagten sie sogar »Mahlzeit«, wenn sie die Kantine betraten, in jedem Fall spielte Konsum keine Rolle, es galt ein Land aufzubauen. Doch inzwischen ist Israel eher wie die USA, und das merkte ich vor einigen Tagen. Kurz vor meinem Weihnachtsflug nach Deutschland geriet ich in eine Horde dealim-wütender Israelis. Dabei wollte ich nur kurz in den Duty-free-Shop, um eine Flasche israelischen Wein für die Feiertage zu kaufen. Ich hätte es besser wissen müssen.

In dem 200 Quadratmeter großen Laden befanden sich

gefühlt 500 000 Hebräer auf der Suche nach Dealim. Viele hatten gleich mehrere Einkaufswagen in Beschlag genommen, die sie mit Spirituosen, Schokolade oder Kosmetik vollstopften. Während ich mich zur Weinabteilung durchkämpfte, sah ich eine Gruppe Orthodoxer zwischen den Wodka-Angeboten rumwühlen. Wie immer, wenn mehr als zwei Israelis zusammenkommen, überstieg der Lärmpegel locker die 100-Dezibel-Marke. Zerzauste Männer schrien aus der alkoholischen Abteilung nach ihren Frauen, die durch den Parfum-Bereich irrten. Und da die Israelis nun auch nicht besonders rücksichtsvoll sind, verkeilten sich überall Einkaufswagen und ihre Fahrer.

Es war das totale Chaos ausgebrochen, und dafür gab es nur einen Grund: Dealim. In den Duty-free-Shops zahlt man nicht nur keine Steuern, nein, es gibt auch unzählige Sonderangebote. Noch mehr, als die Israelis eh schon gewöhnt sind, denn egal, in welchen Laden man hier kommt, es gibt immer einen guten Deal. Während man dann so durch die Regale stöbert, hüpfen aufgeregte Verkäufer neben einem her und preisen an: »In diesem Regal ist alles eins plus eins. Dort drüben die Sachen sind zwei plus drei.« Selbst »kauf vier Pfannen und nimm eine umsonst« habe ich schon gehört. Ziel ist, ganz amerikanisch, der maximale Konsum.

Ich will meist nur ein Stück kaufen. Eine Pfanne. Ein Kleid. Eine Packung Alufolie. Aber die Dealim zwingen mich immer öfter in die Knie. Nicht selten muss ich von der Supermarktkasse aus noch einmal quer durch die Kaufhalle laufen, weil jedes dritte Stück auf dem Rollband laut Kassiererin eins plus eins ist. Denn das zweite ist ja kostenlos. Ich brauche zwar nur einen Honigkuchen, aber die Kassiererin sagt eins plus eins. Und so laufe und hechte ich nach Angeboten, die ich gar nicht will. Ich muss auch immer drei Bier kaufen, denn es gibt drei für 17,99 Schekel. Die Dealim versklaven mich mehr und mehr.

Denn es hört ja nicht beim Supermarkt oder im Laden auf. Jüngst fand ich im Briefkasten einen Brief meiner Krankenkasse. Sie boten mir an, einen Koffer für 50 Schekel zu kaufen. Meine Krankenkasse! Einen Koffer! Ich verstehe den Zusammenhang nicht. Selbst beim Tierarzt ist man nicht sicher. Er hat mir neulich zwei plus drei für die Katzenflohmittel angeboten. Dazu kommen die Gutscheine und Voucher für Restaurants, in die ich nicht gehen möchte. Aber wenn das Essen nun einmal 50 Prozent billiger ist … Und im Restaurant selbst gibt es dann noch einmal Maximal-Konsum-Menü-Angebote. Vorspeise, Hauptgericht und Dessert für 60 Schekel. Dabei will ich nur ein Schnitzel!

Leider ist man auch im Ausland nicht mehr vor der Dealim-Wut der Israelis sicher. Als traumatisierend könnte ich hier von einem Ausflug zu C&A mit meiner Schwiegermutter in spe erzählen. Könnte. Denn ich muss jetzt leider weg. Auf meinem Schreibtisch türmen sich verschiedene Voucher für tolle Angebote, die alle heute ablaufen. Ja, auch ich bin mittlerweile im Konsumrausch. Als ehemaliges DDR-Kind nach Israel gekommen, um Amerikaner zu werden. Angekommen im Land der unbegrenzten Sonderangebote. Vielleicht sollte ich mal im Kibbuz Urlaub machen.

Teilen und Heilen

Neulich trug Freundin M., eine bekannte israelische Prominente, eine tolle 70er-Jahre-Lederjacke. Als ich sie fragte, wo sie die denn ergattert habe, antwortete sie mit größter Selbstverständlichkeit: »Ach die, die hab ich mal auf der Straße gefunden.« Ähnliches passierte mir kurze Zeit später mit Freundin L., einer Lehrerin, deren halbe Wohnungseinrichtung von der Straße zusammengesammelt ist. In Tel Aviv liegen oft Klamottenberge auf dem Gehweg, neben Mülltonnen oder auf Parkbänken. Erst heute entdeckte ich vor unserem Haus ein paar schwarze Schuhe. Sie standen ganz fein säuberlich da, als hätte jemand sie nur kurz abgestellt. Ein paar Stunden später hatten sie bereits ein neues Zuhause gefunden.

Israelis schmeißen ihre alten Sachen nicht einfach weg. Sie teilen sie lieber. Anfangs dachte ich noch: Wer sollte denn schon ein Interesse an all diesen alten, gebrauchten Klamotten/Sesseln/Schuhen/Sofas etc. haben? Wer wühlt in Klamottenbergen von fremden Menschen? Und wer zieht sich den Schuh von seinem Nachbarn an? Nachdem ich das erste völlig normal aussehende Pärchen im Textilhaufen vor unserem Haus wühlen gesehen hatte, revidierte ich meine Frage: Warum machen Israelis das? Finden sie das nicht eklig?

Nicht, dass Sie mich falsch verstehen. Ich bin selbst großer Secondhandfan und kaufe Kleidung und sogar auch mal

Schuhe gerne auf dem Flohmarkt oder in Vintage-Läden. Da kann ich mich aber zumindest der Illusion hingeben, jemand hätte die Sachen gereinigt. Und wenigstens muss ich sie nicht vom Boden auflesen. Denn etwas von der Straße aufzusammeln geht mir zu weit. Und wenn ich persönlich Dinge nicht mehr brauche (was selten vorkommt, da ich das Gefühl habe, immer alles noch mal brauchen zu können, selbst alte Kinokarten), habe ich es bisher entweder weggeschmissen oder in die Rote-Kreuz-Tonne geworfen. Solche Tonnen gibt es hier nicht. Weswegen ich anfangs annahm, die Straßengegenstände würden vor allem von ärmeren Menschen eingesammelt. Aber dann kamen, wie gesagt, das 08/15-Pärchen und meine Promi-Freunde.

Es ist aber nicht nur so, dass Leute ihr Zeug einfach auf die Straße stellen. Jeden Morgen pünktlich um acht Uhr fährt außerdem ein alter Mann mit einem nicht identifizierbaren Fahruntersatz (eine Mischung aus Golfmobil und ausgebranntem Lieferwagen) durch unsere Straßen und schreit in sein Megafon auf Deutsch (oder wohl eher Jiddisch) »alte Sachen«, »alte Sachen«. Vor einigen Jahren sind die Lumpensammler noch mit Pferdekutschen durch die Stadt getrabt, aber das ist jetzt aus Tierschutzgründen verboten. Der Lumpensammler nimmt alles mit, was er kriegen kann, und ich frage mich jedes Mal, was er mit all den kaputten Dingen machen will. Aber dann wiederum fährt er mit seinem Golfmobil durch die Gegend, das er wahrscheinlich direkt nach dem israelischen Unabhängigkeitskrieg ergattert hat und für das er anscheinend heute noch Verwendung findet.

Als ich meine modebewusste israelische Designer-Freundin S., die natürlich ebenfalls diverse Straßenfunde wie Schuhe und Bilderrahmen verzeichnen kann, neulich nach einer Erklärung für dieses seltsame Verhalten fragte, antwortete sie: »Das ist wegen der Schoah.« Während ich noch erstaunt und verwundert die Augenbrauen hochzog, erklärte sie eifrig, wie der Massenmord mit dem unorganisierten Straßenflohmarkt zusammenhängt:

»Wir nehmen immer, was wir kriegen können. Man weiß nicht, was morgen ist und wann wir das nächste Mal die Chance haben, etwas zu bekommen. Das ist ein Holocaustkomplex. Sozusagen unser Überlebensinstinkt. Du siehst was Kostenloses? Dann nimmst du es erst einmal mit. Kann man später immer noch gucken, ob man es braucht. Die Leute haben im Holocaust alles verloren. Sie haben keine Keller voller verstaubter Sachen. Alle sind mit gerade mal einem Koffer ins Land gekommen. Die alten Sachen geben uns das Gefühl, immerhin ein Stück Historie zu Hause zu haben. Auch wenn es die eines anderen ist. Und weil wir wissen, dass die anderen auch so denken, stellen wir Dinge, die wir nicht mehr brauchen, auf die Straße. Irgendjemand wird schon etwas damit anfangen können.«

Das Mitnehmen von alten Sachen beruhige die Menschen. Wenn man das Ganze so betrachtet, könnte das Straßenphänomen Teil des Heilungsprozesses post-Schoah sein. Sozusagen Teilen und Heilen der Nachkriegsgenerationen. Indem alle ihre Sachen auf die Straße stellen, beruhigen sie einander, dass immer genug da sein wird, und sie füllen Lücken, die durch fehlende Erinnerungsstücke entstanden sind.

Wenn man es so betrachtet, möchte ich natürlich nicht außen vor stehen. Deswegen haben wir jetzt einen neuen Lehnsessel. Den schicken blauen Fauteuil entdeckte ich in der

Mendelestraße, als wir vom Strand nach Hause liefen. Nach ausgiebiger Begutachtung und großen Überwindungsschwierigkeiten schleppten mein wunderbarer Lebensgefährte und ich das schwere Polsterding schließlich in Badeklamotten auf unseren Schultern nach Hause. Gemeinsam reinigten wir den Sessel gewissenhaft stundenlang, schrubbten und putzten, bis es wehtat. Die Deutsche und der Israeli. Es hatte wirklich etwas Heilendes.

Der Tag, an dem ich nicht Angela Merkel traf

Die Kanzlerin ist in Jerusalem. Das kann ich nicht ändern. Ich sitze in Tel Aviv und ignoriere den hohen Gast.

In Israel wird man geradezu von offiziellen Besuchen überschüttet. In dem knapp einen Jahr, das ich jetzt hier lebe, waren unter anderem Präsident Wulf, Außenminister Westerwelle (zweimal!), Brandenburgs Ministerpräsident Platzeck, Sachsens Oberhaupt Tillich, Oppositionspolitiker Çem Özdemir da. Nicht zu vergessen die beiden Linken-Abgeordneten Groth und Höger, die uns auf dem Seeweg beehrten. Und jetzt also Frau Merkel. Im Schlepptau das halbe Kabinett: von Bundesinnenminister de Maizière und Wirtschaftsminister Brüderle über Umweltminister Röttgen und Familienministerin Schröder bis zu Verkehrsminister Ramsauer und Bildungsministerin Schavan. Ach ja – und Dirk Niebel, was auch immer der macht.

Ich finde das ziemlich viel offiziellen Besuch für ein Jahr in einem so kleinen Land. Wenn man in Israel lebt, fühlt man sich als Deutscher schnell bedeutend. Man hat das Gefühl, hier laufen die Fäden der Welt zusammen. Oder zumindest dreht sie sich um einen. Man kann sich als Journalist einmal sicher sein, am richtigen Ort zur richtigen Zeit zu weilen. Immer. Außerdem kann man die deutsche Prominenz öfter sehen als in der Heimat. All der wichtige Staatsbesuch scheint aber auch den Israelis zu Kopfe zu steigen. Oder wie sonst kann man sich erklären, dass ein so kleines Volk so viel Persönlichkeit hat? Oder dass jeder Einzelne hier glaubt, er sei der Wichtigste? Und das, was er will, am wichtigsten?

Ein Beispiel: Vor einigen Tagen im Supermarkt. Der Verkäufer spricht mit einem Lieferanten. Sie sehen aus, als würden sie über elementare, hyperwichtige Supermarktangelegenheiten diskutieren. Ich möchte gerne etwas fragen, habe aber als Kind gelernt, dass man Erwachsene nicht einfach so im Gespräch unterbricht (auch dann nicht, wenn man selbst schon erwachsen ist).

Die Supermarktberater schwatzen weiter. Gerade als ich mich entschließe, mit einem freundlichen »Entschuldigen Sie kurz« ihre Unterhaltung vorsichtig zu unterbrechen, kommt ein glatzköpfiger Israeli von hinten angedrängelt. Ohne weitere Zeit zu verschwenden, grätscht er in die Debatte und stellt seine Frage. Warum auch nicht? Schließlich, so ist dieser Vertreter des israelischen Volkes sich sicher, ist das, was er will, wichtiger als alles andere auf dieser Welt. Dass die israelische Politik ähnlich funktioniert, brauche ich wohl gar nicht zu erwähnen. Und warum das Ganze? Alles wegen dieser ständigen Staatsbesuche.

Sie sind wohl auch daran schuld, dass Israel so ein unfassbar politisiertes Land ist. Nicht nur, dass 99 Prozent der Nachrichten, die man in Deutschland über den Nahoststaat liest, politisch gefärbt sind. Auch die Israelis selbst sind politisch »joter mi dei«, wie man hier sagt. Zu viel. Mein halb japanischer Freund T. erzählte beim Besuch in Israel neulich, dass Japaner absolut unpolitisch sind. Es ist ihnen relativ egal, wer an der Macht ist. Auch scheren sie sich nicht darum, was die Machtinhaber tun. Darüber diskutiert wird schon gar nicht. Niemanden interessieren die politischen Scharmützel von irgendwem. Der letzte japanische Minister-präsident besuchte Israel 2006. Davor war er elf Jahre nicht im Heiligen Land. Elf Jahre.

Davon kann man als Deutscher ja nur träumen. Stattdessen führen alle Gespräche mit Freunden auf unserer Terrasse früher oder später zur Politik. Palästinenser, Israel, USA, Iran, wer mit wem warum. Auch die Gespräche am israelischen Unabhängigkeitstag am Strand beschwipst mit Bier. Und auch das Plaudern beim Pärchenabend im schnieken Restaurant artet unvermeidlich in eine Rechts-Links-Israel-Diskussion aus. Ich muss sagen, ich bin erschöpft. In Deutschland habe ich mich noch außerordentlich für Politik interessiert. Ich habe über Politik geschrieben, gelesen und gesprochen. Ich dachte, es könnte nichts Interessanteres geben, als die großen politischen Zusammenhänge zu beleuchten und verstehen. Israel hat aus mir einen neuen Menschen gemacht. Die ganze Politik hängt mir zum Hals raus. Während ich früher bei unqualifizierten politischen Kommentaren sofort engagiert in die Bresche gesprungen bin, lächle ich heute nur noch milde. So muss Helmut Kohl sich fühlen.

Oder Angela Merkel. Auch sie mischt sich ja nur noch ungern ein. Vielleicht ist sie mittlerweile auch politikverdrossen von all ihren Israel-Besuchen. Immerhin hat sie, wie ich gerade online lese, immer noch eine starke Meinung zu den israelischen Siedlungen, die sollen nämlich … Oh, Moment. Da hinten klettert gerade ein Eichhörnchen den Baum hoch.

Mit ganz speziellem Dank an B. Ho.

Golocaust

Bei einem meiner ersten Israel-Besuche versuchte ich, einen Gasherd zu benutzen. Ich hatte damit keinerlei Erfahrung, weswegen das Gas erst einmal sekundenlang ausströmte, bevor ich es hinbekam, eine Flamme zu entzünden. Der Mitbewohner meines wunderbaren Lebensgefährten kam in die Küche und schrie: »Die Deutschen vergasen uns wieder.«

In Israel sind solche derben Scherze üblich. Hier singen in Comedy-Sendungen schon mal Anne Frank und Adolf Hitler »I got you Babe« zusammen. Der israelische Komiker Gil Kopatch formuliert es so: »Nicht unsere Witze sind geschmacklos, euer Faschismus war es.«

Ich glaube, die Israelis haben mich langsam damit angesteckt. Sollte ich im Folgenden also die Gefühle der andächtigen Deutschen, der politisch-korrekten, verletzen, so möchte ich mich bereits im Vorhinein dafür entschuldigen.

Russische Juden in Israel können angeblich kein »H« aussprechen. Deswegen heißt der Begründer dieses fantastischen Staates bei ihnen nicht Theodor Herzl, sondern Theodor Gerzl. Damit verfügen sie über eine Fähigkeit, von der wir Deutschen nur träumen können. Hätten wir ähnliche sprachliche Möglichkeiten, würde aus Adolf Hitler problemlos Adolf Gitler. Den Herrn Gitler kann niemand schlimm finden. Hitler dagegen. Das steht für deutschen Wahn, Massenvernichtung und Mörder. Gitler steht für nichts. Herr Adolf Gitler könnte einfach ein verstorbener, netter, älterer, schrulliger Herr sein. Deutschlands Probleme wären mit einem Schlag gelöst.

Die Deutschen sind das Tätervolk. Zumindest sieht der Großteil der Welt das gerne so, vor allem dann, wenn es passt. Die Briten zum Beispiel nutzen jeden Aufhänger, um »NAZI GERMANY« in großen Lettern auf die Titelseiten ihrer Boulevardzeitungen zu pappen. Auf Deutschland ruht ein besonderes Augenmerk. Wir sind der Welt auch heute noch ein wenig unheimlich, deswegen guckt sie bei uns lieber ganz genau hin. Die Deutschen selbst sehen sich als Gegenentwurf zu ihrem schlechten Ruf. Sind sie doch in den letzten Jahren über-philo-multikulti, allzu besorgt um ausgewählte, von Unmenschlichkeit bedrohte Gruppen, und finden, dass sie jetzt aber auch mal wieder ein bisschen stolz auf ihr Land sein können. Nur zur WM natürlich. Denn da treten wir immerhin mit unserem erfolgreichen Migrantentrupp in Erscheinung, was uns über jeden Verdacht erhaben macht. Trotzdem und gerade deswegen, nichts ärgert die »neuen« Deutschen mehr als dieser olle Holocaust. Der hängt im Nacken. Auch dann, wenn Sami und Mesut sich schon längst mit Basti den Ball zuspielen.

Man könnte mir an dieser Stelle Polemik vorwerfen. Aber meine eigenen Erfahrungen mit meinem eigenen persönlichen Israeli in Berlin haben mir die Augen geöffnet. Dass Bauarbeiter ihm während seiner Tätigkeit als Bauleiter ihr Herz ausschütteten, Deutschland hätte ja nun schon genug an die Juden gezahlt, und es müsste doch jetzt auch mal vergeben und vergessen angesagt sein – geschenkt. Dass ältere

Damen beherzt sagten, sie hätten doch nichts damit zu tun gehabt und nicht gewusst, wohin man all die Juden brachte – vielleicht. Dass sogenannte Studentinnen ihn fragten, ob er auch so ein reicher Jude sei wie all die anderen – na gut. Als ihm aber sein deutscher Freund B. nach dem Ship-to-Gaza-Zwischenfall die Worte »dreckiges israelisches Fascho-Pack« entgegenschleuderte, war es vorbei. »Ihr Deutschen habt euch überhaupt nicht geändert. Ihr seid genauso voll von Vorurteilen und Abneigung gegenüber Juden wie eh und je«, warf er mir kurz danach an den Kopf.

Gestern überlegte ich das erste Mal, ob er recht hatte. In Jerusalem regnete es. Trotzdem war die Stadt voller Touristen, mehrheitlich deutscher Herkunft. Überall plapperte es in meiner Muttersprache. Kurz vor dem Jaffator bot ein fliegender Händler Regenschirme zum Verkauf an. Für stolze zehn Euro. Aber immerhin regnete es ja auch. Das hielt die Deutsche-Kleinstadt-Seele hinter mir nicht davon ab, keifend ihrer Freundin zuzuschnarren: »Zehn Euro. Pah. Die spinnen ja wohl. Typisch der geldgierige Jud.« Dass der Verkäufer ein Araber war, spielte schon keine Rolle mehr. Ich erstarrte für einige Sekunden. Als ich mich umdrehte, war das antisemitische Miststück verschwunden. Ich konnte ihr nicht einmal die Meinung geigen. Oder hatte es sie nie gegeben? War ich einer Halluzination meiner Angst vor dem eigenen Volk auf den Leim gegangen?

Leider muss ich sagen, dass ich vieles anders sehe als die Durchschnittsdeutschen, die einfach nur vergessen und gut sein lassen wollen. In einem tollen Film hieß es einmal: »Die Deutschen werden den Juden Auschwitz nie verzeihen.« Das ist gut möglich. Der jüdische Publizist Henryk M. Broder spricht immer wieder davon, wie sehr die Deutschen ihre toten Juden ehren und lieben, wie wenig sie sich jedoch um die Lebenden kümmern. Richtig. Es ist doch nicht normal, dass sämtliche jüdischen Einrichtungen in Deutschland mit Maschinengewehren beschützt werden. Und dass dieser Schutz vornehmlich Angriffen von Islamisten gilt, ist nur ein schwacher Trost. Die meisten meiner Generation wollen »damit« nichts mehr zu tun haben. Sie sagen, schon ihre Eltern hätten nichts mehr damit zu tun gehabt. Trotzdem haben sie sich intensiv mit dem Holocaust auseinandergesetzt, darauf legen sie Wert. Sie sagen, dass deswegen so etwas nicht mehr passieren würde. Stattdessen demonstrieren sie für Palästinenser und gegen das Apartheitsregime in Israel. Gegen die Juden, die es doch so viel besser wissen müssten. Ausgerechnet die.

Gleichzeitig fürchten sie sich vor den Wörtern Konzentrationslager, Holocaust und Juden. Die derben Massenmord-Witze der Israelis machen sie nervös. Denn die erinnern sie an ihre eigene Verletzlichkeit. An die eigene Unzulänglichkeit, an den temporären Untergang der eigenen Hochkultur. Mir sagte mal jemand, wir Deutschen können nicht gut mit Kritik umgehen. Wir pressen dann die Lippen aufeinander und schlucken schwer. Dass Organisationen (auch in Deutschland) und Länder die Schoah immer wieder gegen uns benutzen, hilft dabei auch nicht.

Die Tausende von russischen Juden, die in den letzten Jahren von Deutschland aufgenommen wurden, sind vielerorts nicht besonders beliebt. Bei den eigenen Religionsgenossen nicht, weil sie angeblich vom Judentum keine Ahnung haben. Bei den Deutschen nicht, weil man angeblich nicht versteht, was die in Deutschland sollen, schließlich habe man doch schon genug gebüßt, genug gezahlt. Ich sage: Gut, dass sie da sind. Je mehr, desto besser. Nur sie können aus dem Holocaust von Hitler den Golocaust von dem schrulligen, verstorbenen Herrn Gitler machen.

Gegen jede Regel

Israelis mögen keine Regeln. Im Gegenteil, wenn man ihnen sagt, sie dürfen das nicht, machen sie es erst recht. Es ist erstaunlich, mit welcher Selbstverständlichkeit Israelis gegen jede Regel handeln. Auch ich fühle, wie der rebellische Teil in mir in diesem Land wächst und wächst. Als ich im Sommer mit meinen Eltern auf Rügen das Badehaus im Ort Lauterbach besuchte, fuhren wir mit dem Auto nicht direkt vor das Gebäude. Denn vor der Einfahrt stand ein Schild, das eben dies untersagte. Ich wetterte auf dem Rücksitz vor mich hin, wie folgsam die Deutschen doch sind. Und dass es wirklich keinen Grund gibt, nicht vor das Gebäude zu fahren. Kurze Zeit später sagte mir eine Hotelangestellte, ich dürfe die Tür zur Terrasse nicht öffnen. Da sie mir aber nicht erklären konnte warum, machte ich es trotzdem. Ich habe angefangen, Verbote zu hinterfragen. Kommen sie mir sinnlos vor, ignoriere ich sie. In Israel vollkommen legitim, in Deutschland ein Kapitalverbrechen.

Doch meine regelhinterfragende und damit immerhin noch ansatzweise rationale Art ist nichts im Vergleich zum gemeinen Israeli. Der versucht nämlich nicht einmal, eine Argumentationskette aufzubauen, warum eine Regel keinen Sinn macht. Er ist einfach so dagegen. Neulich sah ich auf der Straße vor unserem Haus einen israelischen Hilfspolizisten. Parkplätze sind in Tel Aviv Mangelware. Deswegen habe

ich hier kein Auto. Außerdem bin ich Berlin-Mitte-geschä-
digt. Viele Male suchte ich in Berlin mein Auto vergeblich,
weil es abgeschleppt worden war. Meistens wegen irgendwel-
cher beknackten Berlin-Mitte-Coolo-Filme, die ausgerechnet genau vor meinem Haus gedreht werden mussten. Weswegen in Berlin aus normalen Parkplätzen innerhalb von
72 Stunden Extrem-Halteverbots-Zonen werden konnten. In
Tel Aviv sind die Gefahren anderer Natur. Niemand begreift
hier die Parkregeln. Irgendwelche Farbmarkierungen auf der
Straße müssen in Zusammenhang mit den hebräischen Stra-
ßenschildern gebracht werden. Zu der Zeit darf man nur
rechts, zu einer anderen Zeit nur links parken. Es ist mehr
als kompliziert. Das macht aber nichts. Daran halten würde
sich eh niemand. Wie ich am Beispiel des israelischen Hilfspolizisten vor meinem Haus verdeutlicht sah, auf den in diesem Moment ein junger, dunkelhaariger, gebräunter Prolet
zustürmte. Die Hosen tief im Schritt, die Goldkette glänzend
in der Sonne.

Der dürre Typ brüllte den Politessen-Mann bedrohlich
quer über die Straße an. Er hatte es gewagt, ihm einen Straf-
zettel zu geben. Beim genauen Blick von meiner Terrasse sah
ich, dass der Proll tatsächlich im Halteverbot stand. Natürlich sind solche Vergehen zu vernachlässigen in einer Stadt,
in der Leute es sich zum Sport machen, Einbahnstraßen in
alle Richtung zu befahren. Deswegen schrie der Ars einfach
drauflos, ohne Argumentationslinie, dass der Politessen-Typ
das ja wohl nicht machen könne. Er stand doch nur ganz
kurz da (ich schätze, er blockierte mit seinem Wagen mindestens zwei Stunden die Einfahrt), und sowieso sollte der
Politessen-Heini sich hier mal nicht so aufspielen.

Was sagt man da als Politessen-Mensch? Wo fängt man an zu erklären bei jemandem, der so offensichtlich dazu erzogen wurde, Regeln zu brechen und Autoritäten zu missachten? Ist man nett oder unfreundlich? Geht man weg oder ruft man gleich die Kollegen? Wie geht man mit einem Volk um, das Regeln ignoriert, wenn man selbst dafür verantwortlich ist, dass Regeln eingehalten werden? Und ist man privat dann auch noch regeltreu? Ich weiß es nicht, aber ich weiß, dass ich gestern die Frau kennengelernt habe, die die Antworten hat.

Ich traf sie im Tel Aviver Amtsgericht, wo ich war, um gemeinsam mit meinem wunderbaren Lebensgefährten Geld zu erstreiten. Vor vielen Monaten haben wir im Süden von Tel Aviv ein Sofa gekauft, das mit einem handelsüblichen Sofa, als es dann in unser Wohnzimmer geliefert wurde, nicht viel zu tun hatte. Als wir daher unser Geld zurückhaben wollten, begaben wir uns auf den Rechtsweg. Im Endeffekt hat ja alles sein Gutes, denn nur so konnte ich Richterin Bibi-Maman treffen. Drei verschiedene Fälle erlebten wir im Gerichtssaal mit, bevor wir aufgerufen wurden. Dreimal israelische Männer, die alle dachten, sie wären im Recht. Alle Verhandlungen zu Autounfällen. Nicht umsonst ist die Straße der Ort, an dem in Israel am meisten Regeln gebrochen werden.

Richterin Bibi hatte die Männer unter Kontrolle, wie ich es noch nie gesehen habe. Sie saß auf ihrem Podest wie die Bienenkönigin. Jedes unnötige Summen von unten strafte sie mit strengem Blick. Jedes Aufbegehren mit zischenden Tönen. Ich habe israelische Männer noch nie so handzahm gesehen. Niemand schrie. Niemand feilschte. Alle waren brav

wie kleine Schuljungs. Beschämt starrten sie auf den Fußboden und räumten Fehler ein. Ja, gar Regelverstöße. Ich
platzte vor Neid. Sah die Dame in schwarz-weißer Robe beim
genaueren Hinschauen nicht aus wie das Fräulein Rottenmeier, das schon die wilde Heidi aus den Alpen unter Kontrolle brachte? Ja, so musste es sein. Vor mir saß das Fräulein
Rottenmeier von Israel. Richterin Bibi-Maman-Rottenmeier.
Die Königin der Aufmüpfigen. Das einzige Mittel gegen die
regelimmunen Israelis. Was für eine Macht sie hat, und wie
leicht ihr Leben sein muss … Ich sollte mir dringend so eine
Robe besorgen.

Hightech-Mittelalter

Die Israelis beeindrucken an ihrem Flughafen mit Technik und Know-how. Verdächtige Koffer zum Beispiel müssen auf eine Ablage gehoben werden und werden dort dann von einem Sicherheitsmitarbeiter mit einer Art Bürste, die man sonst vom Abwaschen kennt, durchstochert. Einmal flog ich mit zwei Gepäckstücken, wobei ich in einem ausschließlich Schuhe untergebracht hatte. Das war besonders verdächtig. Der Bürstenmann kam, und während ich noch dachte: »Was will der jetzt hier mit der Abwaschbürste?«, lagen meine Schuhe auch schon auf seinem Tisch, und er piekste drin herum wie ein Gerichtsmediziner. Ich fragte ihn, wonach er suche. Ich war naiv. Das Sicherheitspersonal am Flughafen antwortet nicht auf Fragen. Sie sind diejenigen, die Passagiere wie mich ausquetschen und nach intimen Details fahnden.

Ein anderes Mal musste ich einem Beamten meinen Laptop zur Verfügung stellen. Er surfte ein wenig herum und tat so, als würde er meine Artikel lesen. Warum er das tat? Keine Antworten, nur Fragen. Noch mehr Fragen. Meine Lieblingsfragen sind die, mit denen sie unauffällig herausfinden wollen, ob man Jude ist oder nicht. Scheinheilig erkundigen sie sich dann, wo man Hebräisch gelernt hat und ob die Eltern auch Hebräisch können. Wenn ich versuche, das Ganze abzukürzen und mich direkt als Schickse, also Nichtjüdin, oute, schauen sie mich mit Zitronengesichtern an. Sie halten mich wohl für eine Spielverderberin. Aber ich komme vom Thema ab. Die Welt schaut auf Israel, wenn es um Sicherheitsfragen geht. Und natürlich auch auf die Technologien drum herum. Der Flughafen hat zum Beispiel Terminals, durch die man ins Land kommen kann, ohne die Passkontrolle durchqueren zu müssen. Das System funktioniert mit Handabdruck, nur für Israelis, aber immerhin. Auch Wireless LAN gibt es im gesamten Gebäude kostenlos. Als ich dagegen neulich in Berlin-Schönefeld saß und der Flieger eine Stunde Verspätung hatte, gab es kein Internet. Es gab nicht einmal eine zeitvertreibende Duty-Free-Landschaft. Israel aber hat ein ganzes Einkaufszentrum. Ja, am Flughafen zeigt sich, wie modern das Heilige Land wirklich ist.

Und doch auch wie archaisch. Ich sitze vor einigen Wochen im Flieger gen Deutschland. Wir rollen auf dem Rollfeld am Hauptgebäude vorbei, es wehen die blauweißen Fahnen im Wind. Rechts von mir parken zwei Boeing-Maschinen, und dazwischen steht ein Israeli und – grillt. Ich sehe im Vorbeifahren noch, dass es sich wahrscheinlich um Kebab handelt. Man muss dazu sagen, dass Israelis es lieben zu grillen. Aber das tun wir Deutschen ja auch. Trotzdem. Können Sie sich vorstellen, wie auf einem deutschen Flughafen das Bodenpersonal in den gelben Leuchtanzügen zwischen den Jumbojets die Bratwurst auf die Holzkohlen schmeißt? Eben.

Das ist aber nicht alles an Archaischem. Neulich hörte ich mal wieder eine schöne Geschichte vom Rabbanut. Das Rabbanut ist praktisch die höchste (jüdisch) religiöse Instanz in Israel und beschreibt sich als »höchste halachische und geistliche Autorität für jüdische Menschen in Israel«. Die Halacha ist die jüdische Gesetzgebung. Wer jetzt an die Scharia denkt, liegt trotzdem falsch. Zum Glück regelt das Rabbanut »nur« die ausschließlich jüdischen Fragen des Lebens. Hochzeiten, Scheidungen, Tod, Konvertierungen, Koscher-Zertifikate etc. Das Rabbanut kümmert sich auch um Geburten, und jetzt wird es interessant. Es gibt eine Gruppe von Menschen, die nennen die Rabbiner »Mamser«. Frei übersetzt Bastard. Ein Mamser ist ein Kind, das entweder aus einer Inzuchtsbeziehung hervorging oder von einer verheirateten Frau außerehelich gezeugt wurde.

Der Titel Mamser ist nicht unerheblich. Bedeutet er doch, dass diese Menschen in Israel keine anderen Juden heiraten dürfen. Da es keine Zivilehe gibt, hat das Rabbanut das einfach mal entschieden. Sie dürfen aber immerhin andere Mamser heiraten oder (Achtung!) Konvertiten (das sind nämlich anscheinend keine richtigen Juden). Der Clou aber ist: Zeugt ein verheirateter Mann außerehelich ein Kind, gilt es nicht als Mamser. Nun ist man in Israel immerhin so modern, dass man erkannt hat, dass diese Regelung mittelalterlich ist. Anstatt aber das ganze Konzept abzuschaffen, laviert man um das Rabbanut herum (denn dies darf im jüdischen Staat alles). Wird ein Kind in Israel in einer Ehe geboren, geht man immer davon aus, dass der Ehemann der Vater ist. So weit nicht ungewöhnlich. Aber wird ein Kind, sagen wir, acht, neun Monate nach einer Scheidung geboren, wird als Vater ebenfalls der Exmann eingetragen. Denn ansonsten: Mamser-Gefahr. Und nicht nur das. Laut Gesetz in Israel kann ein Ehemann, der seine Vaterschaft anzweifelt, dagegen nicht zivilrechtlich vorgehen. Damit will man vermeiden, dass Beweismittel, die dem Kind den Status Mamser auferlegen könnten, überhaupt geschaffen werden. Von den

Problemen, die durch Samenspenden entstehen, will ich gar nicht reden.

Apropos Samenspenden. Gleichzeitig können lesbische Frauen in Israel ohne Probleme künstliche Befruchtungen und Samenspenden über ihre Krankenkassen in Anspruch nehmen, was ich sehr modern finde. Ihre eheähnlichen Gemeinschaften werden auch anerkannt.

Ach so, und wussten Sie, dass in Israel USB-Stick, Handy und Mailbox erfunden wurden? Dass die israelische Ministerpräsidentin Golda Meir die erst zweite Frau weltweit in einer staatsführenden Position war? Dass ein Israeli ein Gerät entwickelt hat, mit dem Querschnittsgelähmte wieder gehen können? Und natürlich gibt es hier relativ gesehen die höchste Prozentzahl an Universitätsabsolventen, Ärzten, Computern und Museen. Nicht zu vergessen die vielen ultra-orthodoxen Juden, die als Informatiker in Hightech-Unternehmen arbeiten, aber um Gottes willen bloß kein Fernsehen gucken.

Das gibt's nur hier, wo Neuzeit und Altertum sich jeden Tag die Hand geben. Die Wahrheit ist, Israel lebt nicht im 21. Jahrhundert. Am Ende mag das seine bedeutendste Erfindung sein, eine neue Zeitepoche: das Hightech-Mittelalter.

Identitätsamok

Tehudat Zehut. Was klingt wie ein afrikanischer Schlachtruf, heißt tatsächlich Personalausweis auf Hebräisch. Ein formales, sperriges Wort, das, wenn man es in Deutschland gesagt bekommt, oft mit Unannehmlichkeiten verbunden ist. Man hört es im Amt (unangenehm!) oder von Polizisten (noch unangenehmer), manchmal auch beim Einkaufen. »Können Sie sich bitte ausweisen?« In Israel steht Tehudat Zehut für mehr. Es trennt Israelis von den anderen.

Das erste Mal, als mir dies klar wurde, war, als ich online Tickets für ein Konzert in Tel Aviv kaufen wollte. Ich sollte dafür nicht nur die gewöhnliche Kreditkartennummer eingeben, nein, auch meine Personalausweisnummer war gefragt. Ich versuchte es mit der deutschen, nichts. Die helfende Hotline-Stimme klärte mich auf: Ich bräuchte dafür eine israelische Personalausweisnummer. Ich könne die Karten aber gerne persönlich kaufen, nur im Internet ginge es eben nicht. Dass ich mich deshalb benachteiligt fühle, tue ihr ehrlich leid. Ich machte mich auf den langen Weg zum Ticketschalter.

Letzte Woche dann erklärte mir die Sekretärin im Sprachkursbüro, dass ich Touristin sei und deswegen mehr bezahlen müsse. Während ich aufgeregt darlegte, dass ich doch aber eine Aufenthalts- und Arbeitsgenehmigung sowie eine Tel-Aviv-Anwohnerkarte hätte, in Israel sogar Steuern zahle und daher keine Touristin sein könne, wiederholte sie stoisch ihr Mantra: Te-hu-dat Ze-hut! Die hätte ich nicht, und damit sei ich Touristin. Basta. Ich bezahlte mehr.

Man fühlt sich schnell außen vor, wenn einem immer wieder vorgehalten wird, dass man keine Staatsangehörigkeit hat.

Meistens schieben Israelis Sicherheitsbelange vor. Letztes Jahr machte ich mit der gesamten Schwiegerfamilie einen Schiffsausflug nach Zypern. Eine Deutsche eingebunden in eine Gruppe von zwölf Israelis. Ich hätte eine von ihnen sein können. Hätte. Die fehlende Tehudat Zehut führte dazu, dass ich bei der Abreise 30 Minuten ins Kreuzverhör genommen wurde. Das Hafen-Sicherheitspersonal scheute sich nicht vor intimen und dusseligen Fragen (»Was werden Sie in einem Jahr machen?« Ich weiß es noch nicht, wissen Sie es schon?). Sie behandelten mich, als stünde in meinem Pass »Osama« unter Vorname. Beim Versuch, nach dem Trip wieder in Haifa einzureisen, zog man mich dann wiederum aus der Schlange. Keine Tehudat Zehut. Dafür neugierige Blicke von paranoiden Israelis.

Ich lebe gerne hier, aber dieser Sicherheitswahn (auch wenn er noch so begründet ist) macht mich verrückt. Überall muss man Taschen öffnen, sich abtasten lassen oder Fragen beantworten. Ständig wollen wildfremde Menschen, dass ich mich ausweise. Selbst beim Tanken muss man an der Selbstbedienungszapfsäule die Personalausweisnummer eingeben. Israelis haben sie deswegen immer im Kopf. In meinem Kopf dagegen scheppern nur noch Alarmglocken. Ich habe es satt, ständig benachteiligt zu werden. Mein wunderbarer Lebensgefährte versucht, meine Wut zu dämpfen, indem er Sachen wie »Irgendwann hast du auch eine Tehudat Zehut, und dann ist alles gut« sagt. Mittlerweile plane ich jedoch, mich auf Lebenszeit zu weigern, die israelische Staatsbürgerschaft anzunehmen. Aus Protest und aus Prinzip. Ich bin ein wütender Immigrant geworden. Zum ersten Mal in meinem Leben bin ich eine Minderheit. Ich lebe in einem Land, das nicht meine Heimat ist und mir das anscheinend gerne vor die Nase hält. Wahrscheinlich brenne ich bald Autos ab.

Heute Morgen dann prasselte all die Wut, die Frustration, die Empörung verbittert auf eine harmlose Angestellte am Bankschalter nieder. Gut gelaunt wollte ich eigentlich nur Geld auf mein Konto einzahlen. Da sagt die Bankfrau durch ihre Scheibe das Reizwort. Tehudat Zehut. Ich begann zu schreien, dass ich keine habe! Und auch keine will von diesem personalausweisverrückten Psycho-Land! Dass sie allgemein nach irgendeinem Ausweis fragte, hörte ich in meiner Rage schon nicht mehr. Dass sie eigentlich ganz nett lächelte, sah ich nicht mehr. Es war vorbei, ich drehte durch.

Die Bemerkungen vonseiten eines sich einmischenden Israelis (auch davon gibt's ja hier genug!), das sei doch nur ein Missverständnis, walzte ich brüllend nieder. »Ach ja??? Alles ist hier immer irgendwie ein Missverständnis! Ups, Sie sind gar kein Terrorist. Sorry, dass wir Sie gerade wie einen behandelt haben und dabei wertvolle Stunden Ihres Lebens raubten. Und sowieso. Nichts funktioniert hier jemals reibungslos! Und vor allem dann nicht, wenn man diese verdammte Plastikkarte nicht hat!!!« Ich war ein migrantischer Tehudat-Zehut-Amokläufer in einer israelischen Bank. Ich schrie mich um mein Leben.

Später würde in der Zeitung stehen, dass mein Gebrüll afrikanisch klang, man vermute, ich gehöre einer Terrorsplittergruppe aus Timbuktu an. Zum Glück konnte man mich unschädlich machen, bevor Schlimmeres passierte. Auf meinen Grabstein schrieb man: Hier ruht Katharina Höftmann. Sie hatte keine Tehudat Zehut.

Hoffnung to go-go

Ich liebe Israel. Denn neulich war ich auf einer Hochzeit mit Go-go-Tänzerinnen. Ich war natürlich noch auf keiner Hochzeit in Schweden oder Vietnam, aber ich vermute, da gibt es so etwas nicht. Und in Deutschland kann ich mir auch nicht vorstellen, wie der steife Bräutigam im Anzug mit zwei halb nackten Go-gos abdampft. In Israel ist alles möglich. Niemand der Hochzeitsgäste fand es auch nur annähernd erstaunlich, dass leicht bekleidete Mädchen bezahlt wurden, um die Gäste zu animieren. Israel ist einzigartig. Originell und lustig.

Und das, obwohl es eigentlich klein und unbedeutend sein könnte. Man darf nicht vergessen, hier leben nicht einmal acht Millionen Menschen auf einer Fläche so groß wie El Salvador. Und wann hört man schon einmal was über El Salvador? Außerdem haben die Israelis so viele Probleme, dass man überrascht ist, dass sie überhaupt noch originell und lustig sein können. Ich glaube, wenige hier sind sich sicher, dass es ihr Land in 100 Jahren noch geben wird. Schon 50 sind kritisch. Also muss im Hier und Jetzt alles ausprobiert und vorangetrieben werden. Das Land ist einfach so wahnsinnig durstig.

Vor einigen Tagen fragte mich ein deutscher Journalist, wie es ist, hier zu leben. Ich berichtete von all meinen Problemchen und Problemen. Von dem Chaos und der Unorganisiertheit, die mich in den Wahnsinn treibt. Dem Lärm und Stress. Doch dann sagte ich, dass ich Israel trotzdem liebe. »Warum?«, fragte er skeptisch. Weil das Land Herz hat! Und die schönste Hymne der Welt. In der heißt es unter dem Titel »Hoffnung«:

Solang noch im Herzen
eine jüdische Seele wohnt
und nach Osten hin, vorwärts,
das Auge nach Zion blickt,
so lange ist unsere Hoffnung nicht verloren,
die Hoffnung, zweitausend Jahre alt,
zu sein ein freies Volk, in unserem Land,
im Lande Zion und in Jerusalem.

Das erste Mal, als mir klar wurde, was diese Hymne eigentlich bedeutet, war vor einigen Jahren in Berlin. Der deutschjüdische Historiker Arno Lustiger hatte zu einer Lesung eingeladen und erzählte vom Holocaust und den Lagern, die er gesehen hatte. Im Publikum saßen fast nur ältere deutsche Juden, die traurig dreinschauten. Am Ende spielte eine Geige die israelische Hymne »haTikwa«. Die alten Herrschaften schälten sich schwerfällig aus ihren Sitzen und sangen voller Inbrunst von der Hoffnung, die sie nicht verloren hatten. Dabei lächelten sie. Ich heulte natürlich.

Israel ist einfach außerordentlich emotional. In jeder Hinsicht. Es gibt so viel Hass, der mit dem Land verbunden ist, und gleichzeitig so viel Hingabe. Auch Israelis sind dementsprechend affektiv. Sie sind nicht immer fair, denn hier gibt es keinen guten Mittelweg. Entweder oder, lautet das Motto.

Gehen oder bleiben. Sein oder Nichtsein. Ich finde, das muss man einfach wissen, wenn man sich über das Land und seine Leute eine Meinung bilden will. Man muss einfach wissen, dass Juden nicht ohne Grund ihren eigenen Staat mit solcher Macht schützen. Selbst die Leute, die denken, dass sie das wissen, sollten es wissen!

Und trotz allem können sich Israelis immer noch nicht sicher fühlen. Der Kampf ist immer noch nicht vorbei. Dabei würden viele gerne einfach nur mal ankommen. Leben statt überleben. Deswegen gibt es hier Go-go-Tänzerinnen auf Hochzeiten. Es gibt einen alltäglichen, weitverbreiteten Cannabiskonsum, den ich so noch nirgendwo in Europa gesehen habe. Und Partys auch im Krieg. Israelis wagen alles. Sie wollen es wissen, bevor es jederzeit vorbei sein könnte. In Deutschland würde man das als pathologischen Wahnsinn bezeichnen, Israelis nennen es Hoffnung to go-go.

IS-REAL

Nicht umsonst können Buchstabenverdreher aus Israel ganz schnell *Isreal* machen. Israelis mögen es real. Sie tun nicht so als ob, sie sind einfach. Im Moment guckt gut das halbe Volk mittwoch- und samstagabends »Big Brother«. Was in Deutschland schon seit 2003 eigentlich niemanden mehr interessiert, ist im Heiligen Land ein unglaublicher Quotenerfolg. Reality-TV ist megabeliebt, würde Dieter Bohlen sagen. Weitere Formate wie »Ha Jaffa we ha Chnun« (Die Schöne und der Streber) und »Be karov ahava« (Nächstes Mal Liebe) laufen bedeutend erfolgreicher als alle Reality-Shows in Deutschland zusammen (das neueste Dschungel-Geätze mal ausgenommen). Dazu zeigen die israelischen Fernsehsender nonstop begleitende Sendungen, in denen das Verhalten der Teilnehmer diskutiert und interpretiert wird. Man wird also auf allen Kanälen mit dem Echtheitswahnsinn beschallt.

Und so kommt es, dass auch ich mit meinen israelischen Freunden neuerdings über Hinz und Kunz und ihren Alltag im TV sprechen soll. Leider liegt mir Realitätsfernsehen nur in Form von Dokumentationen. Ernst zu nehmende Beiträge über wirklich interessante Menschen. Ich will hier gar nicht auf den Putz hauen, ich mag Trash-TV. Weihnachten gucke ich immer das »Traumschiff«. Und selbst in Israel weiß ich ungefähr, was in sämtlichen deutschen Soaps gerade vor sich geht. Trotzdem habe ich mich mit meinen deutschen

Freunden noch nie über exhibitionistische, aufmerksamkeitsbedürftige Kandidaten in Containern, Dschungelcamps oder auf Bauernhöfen unterhalten. Außer das eine Mal, als Bauer Josef und Thailänderin Narumol aufeinandertrafen. Aber das hatte ja auch Dokumentationswert.

Seit kurzer Zeit komme ich hier in Israel aber wirklich nicht mehr drum herum. Meine Freundin M. ist eine der Damen, die in »Be karov ahava« die große Liebe suchen. Als sie ihrer Mutter letzten Sonntag dramatisch beichtete, dass sie mit 14 Jahren verschiedenen Männern in einer Art Orgie oral zu Diensten war, musste auch ich dem Realitätsfernsehen ins Auge sehen. Freundin M. wurde daraufhin nämlich von allen Seiten des Freundeskreises harsch für ihren Seelenstriptease attackiert, und auch ich sollte nun Position beziehen. Stattdessen versuchte ich herauszufinden, warum Israelis so verrückt nach diesen Real-Shows sind.

Die Antwort, die mir Freundin S. (Zuschauerin aller Formate) gab, war simpel und einleuchtend. »Wir Israelis«, sagte sie mir, »mögen das Echte. Das Wirkliche. Wir hassen es, wenn Leute sich verstellen. Wenn Menschen vorgeben, etwas anderes zu sein, als sie wirklich sind. Wir lassen uns nicht gerne etwas vormachen.« Das sei im Übrigen auch der Grund dafür, erklärte S. weiter, dass Israelis keine Anzüge tragen. Sie verkleiden sich nicht. Sie legen keinen Wert auf den schönen Schein. Bei Israelis muss alles echt sein, auch wenn's wehtut. Freundin S. hat mir mit dieser haarscharfen Analyse mal wieder die Augen geöffnet. Ich hatte mich schon immer gewundert, warum Israelis nichts peinlich ist. Jetzt weiß ich es. Israelis sind so, wie sie sind. Sie tun, was sie wollen. Und sie sind stolz darauf.

Ich erinnere mich noch gut, wie meine Schwiegermutter in spe im Rathaus-Center am Berliner Alexanderplatz Fredi Bobic entdeckte. Warum sie ihn erkannte, ist mir bis heute ein Rätsel, aber zielstrebig steuerte sie auf den ehemaligen Fußballstar zu und verwickelte ihn in ein intensives halb englisches, halb Hand- und Fuß-Gespräch. Sie erzählte von ihrem Schwiegersohn, der Fußballagent sei, und seinem Bruder, der mal bei Liverpool gespielt hat. Bobic guckte irritiert. Vielleicht bildete ich mir das aber auch nur ein, weil mir die israelische Direktheit unangenehm war. Ich würde nie einen Promi ansprechen. Es wäre mir peinlich. Stattdessen verstelle ich mich lieber und tue so, als ob ich ihn oder sie nicht erkenne. Einmal habe ich wissentlich mit einem bekannten deutschen Sänger in einem Club gesprochen. Ich fragte ihn trotzdem, was er denn beruflich so macht.

Mir sind Sachen schnell unangenehm oder peinlich. Vor allem das, was Israelis machen. Israelis gehen in einen Laden, lassen sich alle Kleidungsstücke zeigen, drehen sie 20-mal hin und her, beschäftigen fünf Verkäuferinnen und gehen dann, ohne das Portemonnaie auch nur einmal aufgeknipst zu haben. Ich kaufe immer was. Selbst wenn ich nicht will. Zu oft habe ich einfach das Gefühl, etwas tun zu müssen, weil es erwartet wird, nicht weil ich es möchte. Mehr und mehr glaube ich jedoch, dass ich mich damit auf dem Holzweg befinde. Ich wäre auch gerne so frei wie Israelis. Immer einfach man selbst sein.

Ich bin es nicht. Ich kann nicht. Als meine Schwiegermama in beschriebenem Vorfall am Berliner Alexanderplatz schließlich auch noch um ein Foto mit Bobic bat, wäre ich am liebsten im Erdboden versunken. Doch der ehemalige

Nationalspieler Fredi Bobic lachte. Er strahlte wie ein Honig-kuchenpferd. Er war ehrlich begeistert von der authenti-schen, direkten Art meiner Schwiegermama in spe. Ich ver-stand. Meine Schwiegermutter wurde in diesem Augenblick meine eigene persönliche Heldin für die Freiheit, echt zu sein.

Bobic lachte übrigens immer noch, als wir schon längst nicht mehr zu sehen waren. Im deutschen Realitätsfernsehen habe ich selten jemanden so glücklich gesehen.

Keine Panik

Im Nahen Osten machen gerade alle auf Revolution, und mein Vater ist keine große Hilfe. Bei seinem letzten Anruf schrie er panisch ins Laptopmikrofon, dass sich Ägypten jetzt islamisieren wird. Und dann wird alles viel schlimmer. Die werden dann nämlich den Frieden mit Israel auflösen, und bald hagen Bomben und Raketen auf Tel Aviv. Das Ende steht unmittelbar bevor. Na, dann einen schönen Sonntag noch.

Ich weiß nicht, aber ich habe das Gefühl, Deutsche dramatisieren gerne. Die Frage, die ich in Deutschland am häufigsten über Israel höre, lautet: »Kann man da überhaupt normal leben? Wegen dem Krieg und so.« Wann immer in unserer Gegend etwas passiert, werde ich mit panischen Aufrufen, ob ich jetzt nicht nach Hause kommen möchte, und großem Entsetzen über die Situation im Allgemeinen bombardiert. Ich verstehe ja sogar, woher das kommt. In Deutschland passiert ja nichts. Deswegen scheint es in der Heimat geradezu Spaß zu machen, ein wenig zu dramatisieren und aufzubauschen.

Vor einigen Tagen dann gab es in Japan ein schweres Erdbeben und einen Tsunami. Und dann explodierten auch noch Kernkraftreaktoren. Meine deutschen Facebook-Freunde schickten nur einen Tag nach der japanischen Katastrophe bereits Aufrufe zu »Anti-Atom-Demos«, »Anti-Atom-

Mahnwachen« und »Anti-Atom-Petitionen« herum. Die deutschen Medien frohlockten dem Super-GAU geradezu in sich an Dramatik überbietenden Schlagzeilen entgegen: »Atom-Hölle«, »außer Kontrolle«, »Japans Armageddon« und »Atom-Apokalypse«. Mittlerweile sind in Deutschland Jod und Geigerzähler knapp oder bereits ausverkauft. Das deutsche Volk bereitet sich auf die Endzeit vor. Das Erdbeben war wo noch mal, in Japan? Macht nichts.

Mit Drama und Panik verwandt ist die deutsche Schadenfreude. Liebe Leser, es tut mir leid, aber ja. Wir Deutschen scheinen mir überdurchschnittlich schadenfroh. Untersuchungen besagen, dass 79 Prozent unseres Volkes gerne über das Unglück anderer spotten. Nicht umsonst ist das deutsche Wort »Schadenfreude« ein Lehnwort im Englischen, Französischen, Italienischen, Spanischen, Portugiesischen und Polnischen. »Das geschieht ihm recht« ist etwas, das sich auch im Hebräischen nur schwer übersetzen lässt. Außerdem beschäftigen sich die Deutschen gerne mit Schadenfreude. Friedrich Nietzsche erklärt das gehässige Verhalten mit den Worten: »Menschen verwandeln ihr Leid über die Unterlegenheit der eigenen Gruppe in Ärger gegenüber einer erfolgreicheren Gruppe, auch wenn es keinen direkten Wettbewerb gibt.« Und der deutsche Wilhelm Busch sagte: »Dummheit, die man bei andern sieht, wirkt meist erhebend aufs Gemüt.« Vielleicht auch deswegen ließen sich deutsche Politiker direkt nach der Japan-Katastrophe zu überheblichen Aussagen hinreißen. Renate Künast, mitten im Wahlkampf in Berlin, propagierte etwa: »Wir beherrschen nicht die Natur, sondern die Natur herrscht über uns.«

Na, das hilft doch ungemein. In Israel dagegen berichten

alle Medien völlig sachlich und geradezu langweilig über die Geschehnisse im Fernen Osten. Und während auf deutschen Titelblättern immer noch Katastrophenalarm herrscht, haben in Israel andere Themen die Probleme der Japaner fast vollständig verdrängt. Hier wurden inzwischen eine Siedlerfamilie von Palästinensern abgeschlachtet, ein vom Iran mit Waffen beladenes Schiff auf dem Weg zur Hamas abgefangen und zwei Palästinenser von rachewütigen Siedlern angegriffen.

In Israel darf man sich nicht allzu schnell beunruhigen lassen. Während ich anfangs noch bei jeder kleinen Rakete meine sofortige Auswanderung plante und damit einem frühzeitigen Tod durch Herzschlag immer näher kam, bin ich nun deutlich ruhiger und abwartender eingestellt. Immerhin befindet dieses Land sich seit seiner Geburtsstunde vor 63 Jahren in einem permanenten Ausnahmezustand. Selbst die Revolutionen in den Nachbarländern haben lediglich zu zeitlich begrenzten Panikattacken geführt. Inzwischen haben sich aber alle wieder beruhigt. Warum fällt das uns Deutschen so schwer? Entspannung ist des Deutschen Sache nicht. Dabei war es doch auch jener Deutsche Friedrich Nietzsche, der sagte: »Was uns nicht umbringt, macht uns stärker.« Und immerhin der deutsche König von Mallorca, Jürgen Drews, der da sang »Keine Panik auf der Titanic«.

Die Deutschen sollten und müssen wieder mehr Jürgen Drews hören. Das geschieht ihnen recht.

Hatiul hagadol

Was den Deutschen Abiturienten ihr Mallorca, ist den jungen Israelis Indien. Und das, obwohl ihr Flug dahin, sollten sie denn in einer israelischen Maschine sitzen, länger dauert als von Berlin. Israelische Fluggesellschaften dürfen nämlich keine arabischen/islamischen Länder überfliegen. Weil sie a) keine Überflugrechte von den Ländern bekommen, b) sowieso Angst haben, abgeschossen zu werden, und c) schlecht in Teheran notlanden könnten. Das ist ungefähr so, als wenn die Lufthansa nicht über den Ostblock fliegen könnte. Man würde noch nach Mallorca kommen. Aber Thailand, der Deutschen zweitliebstes Ziel im letzten Jahr, wäre schon schwieriger zu erreichen.

Israelis reisen trotzdem gerne. Und nicht nur das. Sie haben eine ganz andere Form von Tourismus erfunden. Hatiul hagadol, den großen Ausflug. Vor allem nach dem Armeedienst und vor dem Studium oder Start des Berufslebens, strömen Anfang 20-jährige Exsoldaten in die Welt hinaus. Es gibt auch ein paar Frauen, aber die Mehrzahl der Rucksack-Israelis ist männlich. Die Reise kann dann in zwei entgegengesetzte Richtungen gehen: entweder Richtung Südwest (Südamerika) oder gen Osten (Indien, Thailand, Nepal). Warum es genau diese beiden Möglichkeiten gibt? Alles andere ist entweder zu teuer oder zu gefährlich.

Dort angekommen, sehen sie manchmal nicht viel von

Land und Leuten, sondern vor allem ihre eigenen Lands-
männer und -frauen. Mit denen sitzen sie gemeinsam in
billigen Hostels und kiffen. Ungefähr 90 Prozent der israelischen Backpacker nehmen Drogen, viele härtere Sachen
als Marihuana oder Haschisch. Das ist dann Hatiul hagadol.
Vielleicht übersetzt es sich besser mit »Der große Trip«. Das
muss man verstehen. Sie kommen gerade von der Armee.
Drei harte Jahre liegen hinter ihnen, in der Mitte des Nah-
ostkonflikts. Und ihre Reise ist eine Art »Suche nach sich
selbst« trifft »Dampf ablassen«. Nicht wenige kommen mit
neuen Psychosen im Gepäck nach Hause geflogen. Einige
bringen aber auch andere Sachen mit. Die Erinnerung an
Grenzerfahrungen oder ausländische, meist nicht jüdische
Freunde und Freundinnen. Vielleicht ähneln sich diese Mit-
bringsel auch.

Die klassischen Grenzerfahrungen umfassen Ausflüge in
den wilden Amazonas. Wo dann in Zelten zwischen lebens-
gefährlichen Schlangen und Insekten geschlafen wird. Oder
das Töten von Tieren zum eigenen Überleben. Oder Bungee-
sprünge von alten Brücken. Oder das Spiel mit Krokodilen
und anderem gefährlichen Getier. In jedem Fall das Bewe-
gen im Extremen. Alles muss erlebt werden, bevor man wieder zurück an den Konfliktherd muss. Die ungewöhnlichere
Grenzerfahrung ist das Kennenlernen von nicht jüdischen
Frauen. Manchmal wird dann daraus sogar etwas Ernstes,
eine Psychose mit Realitätsverlust beispielsweise. In jedem
Fall besteht der Sprachkurs für Hebräisch-Anfänger in Tel
Aviv zu 80 Prozent aus Nichtjüdinnen, die für israelische
Männer ins Land gekommen sind. Die Französinnen, Hol-
länderinnen, Deutschen, Südamerikanerinnen, Italienerin-

nen und Schwedinnen trafen ihre Israelis in Brasilien, Indien, Thailand, Australien, Chile und, und, und.

Das sollte aber nicht darüber hinwegtäuschen, dass die berucksackten Israelis bei vielen anderen Touristen und Einheimischen sehr unbeliebt sein können. Sie seien laut, unfreundlich und arrogant. Würden nur mit ihresgleichen abhängen und behandelten die Einheimischen herablassend. Sie benähmen sich in den Ländern wie Kolonialherren. So lauten die Vorwürfe meist. Ich habe keinerlei Erfahrungen dieser Art gemacht.

Alle Israelis, die ich in Indien kennengelernt habe, waren sehr nett und aufgeschlossen. Sie waren hilfsbereit und lustig. Natürlich wurde es dabei auch mal lauter, so ist das, wenn man viel lacht. Sie haben sich den ganzen falschen Schmu von wegen »Ich will hier die Kultur der Einheimischen kennenlernen, aber möglichst nicht mehr als zwei Euro pro Nacht für mein Zimmer zahlen«, der oft an anderen Backpackern nervt, einfach gespart. Stattdessen hatten sie einfach Spaß und standen dazu. Sie versuchen nicht, ihrer Billig-Rucksack-Tour etwas politisch Korrektes aufzuzwängen.

Aber dann wiederum bin ich wahrscheinlich keine neutrale Beobachterin dieser Angelegenheit. Immerhin habe ich mich in Indien in meinen Israeli verliebt. Meine eigene persönliche Grenzerfahrung. Damit kann ich voller Stolz sagen, dass auch ich einen Hatiul hagadol absolviert habe. Der begann allerdings erst nach der Reise nach Indien und mit dem Umzug ins Heilige Land. Erste Anzeichen einer Psychose sind bereits zu beobachten. Aber das wissen Sie sicherlich besser als ich.

Kleine Freiheit

Vor einigen Jahren saß ich mit meinem wunderbaren Lebensgefährten (er war das erste Mal in Deutschland zu Besuch)
in der S9 Richtung Berlin-Schönefeld. Die S-Bahn ratterte
durch den Plänterwald und eine riesige Kleingartenanlage.
Wir waren auf ehemaligem DDR-Gebiet. Man schätzt, dass
es in der DDR etwa 3,4 Millionen Datschen, so nennen Ossis
und Russen Gärten mit kleinen Häuschen, gab – die weltweit höchste Dichte an Gartengrundstücken. Mein Freund
schaute interessiert aus dem Fenster auf die Minihäuser, die
von den oben gelegenen Gleisen aussahen wie Hütten oder
Schuppen, drehte sich zu mir und sagte: »Ach. Hier wohnen
also die armen Leute?«

Ich schnappte nach Luft. Natürlich war ich selbst als Plat-
tenbau-Ossi-Kleinkind in einer solchen Anlage groß geworden. Unser Garten war in Bützow, und ich habe ihn sehr
geliebt. Die meisten meiner Kindheitsfotos bis circa sieben
Jahre (dann kam die Wende auch bei uns an) wurden in diesem Garten aufgenommen. Schon mein Kinderwagen stand
vor der Datsche unter dem Nussbaum. Es gab einen See mit
Wasserratten und viele andere Gärten, aus denen man Blumen und Obst klauen konnte. Kinder gab es nicht so viele,
schon damals befand sich Deutschland wohl auf dem demo-
grafischen Abstieg.

In Israel gibt es viele Kinder. Dafür keine Gärten. Wenn ich an Kinder denke, dann stelle ich mir vor, wie sie in einem Garten spielen. Die meisten Häuser jedoch, in denen ich in Israel zu Besuch war, haben allenfalls eine Grünfläche vor dem Eingang. Und selbst die sieht meistens unbenutzt aus. Sowieso haben Israelis ein komisches Verhältnis zum »Draußen«. Ich reiße immer alle Fenster auf und brauche viel Licht in der Wohnung. Wenn ich mich hier in Tel Aviv jedoch so umschaue, bin ich die Ausnahme. Die Israelis haben immer ihre Rollläden runter. Keine kleinen Rollos, sondern stabile Kunststoffteile außen am Fenster, die kaum Licht noch Luft durchlassen.

Bis vor Kurzem hatten meine Eltern nicht einmal im Badezimmer ein Rollo. Obwohl Nachbarn durch das große Fenster direkt über dem Waschbecken hervorragend hereinlugen konnten, gab es weder Gardinen noch Jalousien. Darauf angesprochen, meinte meine Mutter: »Ja, wer soll denn da gucken?« Hier offenbart sich ein wesentlicher Kulturunterschied. Wenn ich nur mal kurz von der Dusche ins Schlafzimmer husche, würde mein wunderbarer Lebensgefährte am liebsten mit einem mobilen Sichtschutz neben mir herlaufen. Niemand in seiner Familie findet es komisch, am helllichten Tag mit heruntergelassenen Rollläden und künstlichem Deckenlicht im Wohnzimmer zu sitzen. Und deswegen gibt es auch keine Gärten!

Natürlich ist es circa drei Monate im Jahr so entsetzlich warm in Israel, dass man eigentlich nur vor der Klimaanlage liegen möchte. Aber auch in Deutschland kann man ja den Garten mindestens vier Monate lang rein gar nicht benutzen. Es muss also noch etwas anderes dahinterstecken. Ich glaube, Israelis verbarrikadieren sich gerne. Sie finden es ganz angenehm, mal nicht sehen zu müssen, was draußen los ist. Aus dem gleichen Grund haben sie kein Interesse am Leben ihrer Nachbarn in Gaza, Libanon, Ägypten oder im Westjordanland. Und aus dem gleichen Grund findet in den israelischen Nachrichten kaum Berichterstattung aus anderen Ländern statt: Die Israelis haben genug mit sich selbst zu tun.

Ich glaube, ich nehme dieses Desinteresse langsam an. In Deutschland habe ich mich noch gerne und leidenschaftlich mit Politik im Allgemeinen und Nahostpolitik im Besonderen beschäftigt. Hier in Israel ist Politik so allgegenwärtig, so übermächtig, so frustrierend, dass mein Interesse dafür gen null tendiert. Bewusst wurde mir das, als ein befreundeter Journalist nach Israel kam und in zwei Monaten mehr in Gaza und der Westbank war als ich auf dem Tel Aviver Markt. Er konnte nicht verstehen, dass ich und all die Israelis um mich herum nicht darauf brannten zu sehen, wie es hinter der Mauer ist.

Vielleicht kann man nur dann an den vermeintlich Schwächeren interessiert sein, wenn man sich nicht selbst wie der Schwächere fühlt. Deswegen sind die meisten Engagierten in den palästinensischen Autonomiegebieten Europäer und Amerikaner. Israelis aber fühlen sich schwach, von der Welt missverstanden und ungerecht behandelt. Sie haben die Angst vor einem neuen Holocaust mit der Muttermilch aufgesogen. Außerdem leben sie in einem vergleichsweise jungen Land, das sich immer noch finden muss. So ist aus ihnen ein Volk der Egozentriker geworden. Das sich hinter Rollläden und Häuserwänden verschanzt.

Deutsche Kleingartenbesitzer lieben ja angeblich ihre kleine umzäunte Freiheit. Ich glaube, Israel könnte ihnen gefallen.

Der Philosemiten-Bus

»Wir müssen aber aufpassen, nicht unter den Philosemiten-Bus zu kommen«, diesen gut gemeinten Ratschlag gab mir neulich eine Deutsche, die in Israel lebt. Der Philosemiten-Bus. Ich weiß nicht genau, wo er abfährt, aber mir scheint, er hat mittlerweile eine größere Bedeutung als der Antisemiten-Bus. Hurra. Die Deutschen müssen keine Angst mehr vor Antisemiten haben. Denn die wahre neue Bedrohung, das sind die Philosemiten. In einem Punkt aber hat sie recht, die Deutschen in Israel sind entweder – oder. Die meisten »angeheirateten« Neu-Israelis sind israelkritisch (um es mal vorsichtig zu formulieren). Die meisten jüdischen Neu-Israelis sind israelverliebt und damit ziemlich unkritisch. In jeder Gruppe gibt es dann natürlich kleine Splittergruppen, die inhaltlich der Gegengemeinschaft zugezählt werden können. Wenn man zum Beispiel als nicht jüdischer Deutscher auch mal proisraelisch ist, wird man direkt des Philosemitismus verdächtigt. Oder hämisch gefragt, ob man an einem Initiationsritual teilnimmt, um ein »guter Israeli« zu werden.

Ich weiß nicht, was ein guter Israeli ist. Aber immer deutlicher wird mir, was ein guter Deutscher ist. Ein guter Deutscher kritisiert Israel. Natürlich als Freund. Ein guter Deutscher legt Wert darauf, dass die Berichterstattung über Israel differenziert vonstattengeht, natürlich nur dann, wenn sie Gefahr läuft, zu proisraelisch zu sein. Ein guter Deutscher spricht unangenehme Wahrheiten aus, aber hat natürlich auch jüdische und israelische Freunde. Ein guter Deutscher hat sich exzessiv mit den Gräueltaten des Holocaust auseinandergesetzt und daraus gelernt. Kurzum: Ein guter Deutscher weiß es besser.

Es gibt auch nationenübergreifend zwei Gruppen von Menschen, die ins Heilige Land ziehen. Die einen kommen, weil sie wollen. Weil sie das Land lieben, weil sie Juden und/oder Zionisten sind oder weil sie sich hier ein besseres Leben erhoffen. Die anderen kommen, weil sie sich in eine Israelin/einen Israeli verliebt haben. Letztere verbindet etwas völlig anderes mit Israel als Erstere. Daher ist es nur normal, dass die politischen Meinungen auseinanderdriften. Wenn sie dann einmal aufeinandertreffen, zeigt sich der wahre Nahostkonflikt.

So geschehen in meinem Sprachkurs vor einigen Tagen. Auch dieser setzt sich ziemlich genau aus diesen zwei Gruppen zusammen. Nennen wir sie die »Verwandten Israels« und die »Angeheirateten«. Die Verwandten Israels lassen kein gutes Haar an den Palästinensern oder Arabern im großen Ganzen. Die wollten nämlich nur Schlechtes. Am liebsten ein Großpalästina und die Vernichtung Israels. Deswegen müsse man den Pallis auch nicht unbedingt einen Staat geben, denn damit würde sich nur die eigene Sicherheitslage verschlechtern. Die Angeheirateten wettern dagegen. Israel sei ein Apartheidstaat. (Übrigens: Googlen Sie mal das Wort Apartheidstaat, das erste Ergebnis weist auf Südafrika hin, das zweite bereits auf Israel, und das dritte, fünfte, sechste, achte, neunte … auch.) Die Israelis seien die Aggressoren. Israel ist selbst daran schuld, wenn es angegriffen wird, denn immerhin bauen sie weiter munter Siedlungen und haben es nicht anders verdient.

Das Interessante ist, dass in beiden Meinungen etwas Wahres steckt. Doch beide Parteien können das jeweils Wahre der anderen nicht sehen. Und das ist er, der wahre Nahostkonflikt. Die unsägliche Schwarz-Weiß-Malerei. Ich nehme mich da selbst nicht aus. Leider habe ich auch noch nie einen anderen Deutschen getroffen (und schon gar nicht unter den Journalisten), der wirklich ausgeglichen ist, wenn es um Israel geht. Jemanden der versteht, dass es nicht entweder – oder ist. Weil es nicht sein kann. Weil die Realität zu komplex ist. Die Deutschen, die ich treffe, warnen mich stattdessen vor Philosemiten-Bussen. Als hätte ich nicht schon genug mit dem komplizierten Nahverkehrssystem von Tel Aviv zu tun.

Die Sozialen

Eine aktuelle Untersuchung hat herausgefunden, dass man in Tel Avivs führenden Restaurants sein eigenes Wort nicht versteht. Das ist natürlich wahnsinnig überraschend. Die Zeitung *Haaretz* erklärt das Bekannte: »Viele Restaurants haben keine gute Akustik. Wenn wir dann noch den grundsätzlichen Mangel an Höflichkeit der Israelis, das Schrillen der Handys, die Vielzahl der Kinder und das typische israelische Lärmverhalten dazunehmen, ist klar, warum es sehr schwierig ist, ein intimes Essen zu genießen.«

Viel interessanter ist es jedoch zu fragen, wie es sein kann, dass Tel Avivs führende Restaurants, ungefähr auf dem gleichen Preislevel wie die Berliner Nobelschuppen »Borchardt« und »Grill Royal«, überhaupt ständig so voll sein können. Und nicht nur die. Wenn man abends oder samstagvormittags durch die Straßen in Tel Avivs hippen Vierteln streift, hat man das Gefühl, niemand isst noch zu Hause. Eine seltsame Entwicklung, werkeln doch israelische Mütter besonders am Wochenende stundenlang in den heimischen Küchen herum. In meiner Schwiegerfamilie stehen die Frauen Freitag und Samstag vor allem am Herd und rollen Fleischbällchen oder zaubern bunte Salate.

Diese Liebe zum Selbstgekochten scheint zumindest in Tel Aviv die nachfolgende Generation zu überspringen. Ich kenne kaum eine israelische Frau in meinem Alter, die kochen kann. Im Gegenteil, die Einzige, die in meinem Freundes-kreis zu kochen scheint, bin ich. Was ist da los? Tel Avivis, wie viele Großstadtmenschen dieser Welt, gehen gerne aus. Zum Essen, Trinken und Feiern. Als ich neulich einen Schweizer Studenten fragte, warum er ausgerechnet in Israel studieren wollte (obwohl nicht jüdisch), sagte er mir, das Nachtleben sei schuld. Das sei so einzigartig, dass er nach seinem Besuch als Tourist unbedingt für längere Zeit wiederkommen woll-te. Party-Vermarkter nennen ihre Stadt »the city that never stopps«. New York schläft nicht, Tel Aviv aber hört niemals auf. Der Druck ist hoch. Zeit zum Kochen bleibt da nicht.

Damit man dem unglaublichen Ruf gerecht werden kann, hat man in beliebten Gegenden der Stadt an jede Ecke eine Bar, ein Café, ein Restaurant (manche sind 24 Stunden lang geöffnet) oder einen Club gepflanzt. Der Hafen im Norden von Tel Aviv wurde gleich komplett zur Ausgehmeile um-funktioniert. Allein das riesige Portfolio an Wörtern in der schönen hebräischen Sprache für die Etablissements be-eindruckt: Israelis sprechen von Schwulen-Bars, Nachbar-schafts-Bars, Anbagger-Bars, Tanz-Bars, Wein-Bars, Lesben-Bars und so weiter, und so weiter. Und alle sind immer voll! Es gibt keinen lahmen Montag wie in Berlin. Keinen müden Mittwoch. Alle machen immer weiter. Ohne Pause. Ohne Stopp.

Diese Art zu Feiern steht stellvertretend für das Land. Im-mer weiter. Ohne Pause. Bloß nicht auf der Strecke bleiben. Genauso stellvertretend ist, dass sich selbst in der Partyszene Tel Avivs die Vielfalt des Volkes widerspiegelt. Eine meiner Lieblingsbars in dieser schönen Stadt heißt »Salon Berlin«. Nicht nur wegen Berlin, sondern weil es ein wirklich guter

Laden ist. Secondhand-Kleidung trifft hier auf ein schmud-
deliges Hinterzimmer mit guten DJs und noch besser an-
gezogenen Menschen. Dieser Laden wird von Orthodoxen
betrieben. Die beiden Männer gehören zur Chabad (eine
chassidische Gruppierung innerhalb des orthodoxen Juden-
tums) und sitzen auch schon einmal an der Bar in Sin City.

Doch auch die Läden selbst haben Symbolwirkung. Der
beliebteste DJ-Laden der Stadt namens »milk/breakfast« ist
genauso klein wie Israel selbst. Während Berlin mit dem riesigen »Club Berghain« aufwartet, der wiederum genauso viel
Platz bietet wie die ganze Hauptstadt, quetscht sich das israelische Hippster-Volk in einen circa 50 Quadratmeter großen
Raum, im dem jeder jeden kennt. Israelis pflegen ihre großen
Freundeskreise. Mein wunderbarer Lebensbegleiter behauptet, er hätte mindestens 20 wirklich gute Freunde. Langsam
fange ich an, ihm zu glauben. Vielleicht ist das der Grund,
warum all die Israelis immer unterwegs sind. Sie müssen
Leute treffen. Auch wenn das bedeutet, sich tief mit teuren
Abendessen und kostspieligen Drinks zu verschulden. Abgesehen davon merkt man in Tel Aviv nach einer Weile schnell,
dass man immer die Gleichen trifft. Es bleibt einem also
nichts anderes übrig, als sich mit diesen anzufreunden.

Die Israelis haben wirklich große Freundeskreise. Sie
sind ein sehr soziales Volk. Die Menschen im Rest der Welt,
die gerne auch mal schlecht über das Land und seine Leute
urteilen, hätten das wohl nicht gedacht. Neulich erst las ich,
dass auch die Hornissen ein sehr soziales Volk seien. Und
lange nicht so gefährlich, wie immer alle denken. Das kann
ich mir gut vorstellen.

Das Bauchtanztrauma

Ich habe ein Bauchtanztrauma.

Es gibt ein Video von mir anno 1990. Aufgenommen hat es mein Bruder in Ägypten. Es war unsere erste große Flugreise nach der deutschen Einheit. Wir tuckerten mit einem Schiff über den Nil. Meine Eltern waren endlich die Weltbürger geworden, die sie im Herzen schon immer sein wollten. Nur ihre Mägen waren noch nicht so ganz auf die große weite Welt eingestellt, aber das ist eine andere Geschichte. In dem besagten Video also sieht man, wie wir in einer Reisegruppengemeinschaft zu Abend essen. Im Anschluss an das mehr oder weniger bekömmliche Mahl startete das Unterhaltungsprogramm.

Im Zentrum der Belustigung stand eine ägyptische Bauchtänzerin. Sie hatte einen ziemlich schwabbligen Bauch und wackelte damit über die Tanzfläche. Die Touris alle im Kreis um sie herum. Mein Vater ist ein großer Tänzer. Warum also nicht Bauchtanz, musste er sich wohl gedacht haben. Im Video sieht man, wie er mit vollem Einsatz versuchte mitzuschwabbeln, die Arme Kung-Fu-mäßig geöffnet. Dann kam die orientalische Hüftschwingerin auf mich zu. Ich war damals sechs Jahre alt. Und ich war nicht gerade ein dickes Kind. Ich trug enge neongelbe Radlerhosen, ein lila T-Shirt und eine Bauchtasche. Es waren die Neunziger. Als wäre das nicht schlimm genug gewesen, versuchte die Wabbel-Tante, mich zum Mittanzen zu animieren. Man sieht in dem Video sehr genau, wie ich mich sträube. Ich war wahrlich kein introvertiertes Kind, aber schon damals schien mir klar gewesen zu sein, Bauchtanz ist meine Sache nicht. Die durchweg älteren Touristen grölten und jubelten. Meine Mutter zwinkerte mir aufmunternd zu. Mein tanzlustiger Vater machte es vor. Dem Gruppendruck nachgebend schüttelte ich schließlich unrhythmisch meine Bauchtasche. Meine dünnen Stockbeinchen staksten über die Tanzfläche. Ich sah aus wie ein funktionsgestörter Tanzroboter. Mein Bruder hielt gnadenlos drauf.

Seitdem glaube ich, an einer PTBSfBT zu leiden. Einer Posttraumatischen Belastungsstörung für Bauchtanz. Jahrelang bin ich schreiend aus Sälen gerannt, in denen gerade eine Bauchtänzerin versuchte, gute Stimmung zu verbreiten. Lange fiel es mir sehr schwer, auch nur orientalische Musik zu hören. Einige Zeit versuchte ich, die Bauchtanzphobie zu neutralisieren, indem ich rund um die Uhr Sirtaki tanzte. Es half nichts. Nun muss man ja sagen, dass einem in Mecklenburg-Vorpommern wenig orientalisches Kulturgut begegnet. Und in Berlin habe ich im Wesentlichen einfach Neukölln und Kreuzberg gemieden. Sobald ich irgendwo Oud (arabische Kurzhalslaute), Darbuka (Trommel) oder Rebab (orientalisches Streichinstrument) dudeln höre, bin ich weg. In meinem bisherigen Leben konnte ich diesen Bedrohungen immer ganz gut aus dem Weg gehen.

Jetzt lebe ich in Israel. Die Israelis sehen sich ja gerne als westlich-amerikanisch oder auch mal westlich-europäisch. In jedem Fall versuchen sie oft krampfhaft, sich von ihren nahöstlichen Nachbarn abzugrenzen. Aber eins geben sie nicht auf: Sie lieben orientalische Musik. Und orientalische Gesänge. Und ja – auch orientalische Tänze. Allein in meinem ersten Jahr, in dem ich in Israel lebte, musste ich zu mindestens zehn Veranstaltungen, auf denen laut Arabeske dröhnte und Frauen gefährlich mit ihren Fettpölsterchen über die Tanzfläche schaukelten. Die meisten Israelis lieben das. Immerhin sind nicht wenige aus orientalischen Ländern wie Ägypten, Tunesien, Marokko, Iran, Irak oder Jemen eingewandert. Das erklärt auch, warum bei festlichen Events meiner halb irakischen Schwiegerfamilie das exzessive Kulululu betrieben wird. Kulululu nennt man in Israel die gurgelnden, zungenschlagenden Freudelaute, die direkt aus der arabischen Hochkultur in die pseudowestliche israelische Gesellschaft übernommen wurden.

Sie können sich vorstellen, dass mir das alles nicht wirklich hilft. Ständig sehe ich mich mit Bauchtänzern konfrontiert. Mein wunderbarer Lebensgefährte selbst nutzt jede Chance, um wie ein Adler seine Flügel, äh, Arme auszubreiten und zackig das Bauchfleisch von rechts nach links zu drehen. Für mich wird es in diesen Momenten sehr einsam am Rand der Tanzfläche. Und dabei sieht es aus, als würden alle so viel Spaß dabei haben. Mehr und mehr steigt der innere Druck, mitzumachen. Dazuzugehören. Auch Spaß zu haben.

Vor zwei Wochen dann geriet ich ungewollt in eine intensive Konfrontationstherapie. Ich war zum ersten Mal auf einer sogenannten Henna. Das marokkanische Äquivalent zum deutschen Polterabend. Der Bräutigam sah aus wie ein persischer Prinz, die Braut wurde fantasievoll mit Henna bemalt. Ein libanesisch-israelischer Sänger heizte den Gästen, begleitet von Oud, Rebab und Darbuka, ein. Mir war zum

Davonlaufen. Aber das Essen war zu gut – so israelisch bin ich schon geworden. Höhepunkt des Abends war, dass alle Gäste sich in eine Art marokkanische Volkstracht kleiden sollten. In mir kam Panik auf. Das konnte doch nur … alles wies auf Bauchtanz hin. Langsam quälte ich mich in die gold-bestickte Tunika. Die Trommel klopfte bedrohlich aus dem Hauptsaal. Jemand packte mir eine Art geflochtenen Stoff-Kronen-Kranz auf den Kopf. Ich hörte die Laute gefährlich leiern. Ich sah nicht ansatzweise marokkanisch aus. Dank meiner langen blonden Haare hatte ich eher was von einem amerikanischen Hippie. Es funktionierte trotzdem.

Ich durchlief die Konfrontationstherapie. Fühlte mich zu-rückversetzt in die Neunziger. Um ein traumatisches Ereig-nis zu verarbeiten, muss man es noch einmal so durchleben, wie es passiert ist, heißt es ja. Die Bauchtänzerin schwabbel-te wie damals auf mich zu. Dieses Mal jedoch trug ich die marokkanische Tracht und keine neongelben Radlerhosen. Die Verwandlung half mir. Ich war vorbereitet. Plötzlich be-wegte sich mein Bauch im orientalischen Takt. Auch meine Hüften kamen langsam in Schwung. Ich wedelte meine Tu-nika schwungvoll über die Tanzfläche. Und da! Meine Arme öffneten sich wie die eines Adlers zum Flug. Ich war frei. Ich war glücklich. Ich war geheilt. Ich war eine Bauchtänzerin. Nichts konnte mich jetzt noch stoppen.

Tel Aviv I: Vom Habima bis Ajami – Im Geschwindigkeitsrausch durch eine wilde Stadt

Tel Aviv-Jaffa ist eine kleine Stadt. Sie hat ungefähr 390 000 Einwohner, die sich auf 50 Quadratkilometern drängen. Damit hat Tel Aviv nur ein wenig mehr Bewohner als Wuppertal. Und das erstreckt sich immerhin auf 170 Quadratkilometern Bergischem Land. Tel Aviv hat also platztechnisch tatsächlich Ähnlichkeit mit Manhattan. Oder Monaco. Es ist unglaublich voll in der Stadt. Gerade wenn man aus Berlin kommt, wo selbst in Mitte manchmal straßenzügeweise keine Menschen gesichtet werden, können die überfüllten Straßen erschöpfend sein.

Das wirklich Faszinierende an dem kleinen Mittelmeer-Metropolis sind jedoch seine vielen Gesichter. Ich lebe jetzt fast ein Jahr hier, und immer wieder entdecke ich eine völlig neue Ecke. Und weil die Stadt so klein ist, sind diese Ecken manchmal nur wenige Meter voneinander entfernt. Meist erspähe ich die neuen Stadt-Gesichter auf Touren mit meinem Lebenssozius auf unserem Roller. An diesem Sabbat-Abend starten wir am Habima. Das berühmte Theater wurde und wird in den letzten Jahren aufwendig saniert. David Grossman und Amos Oz bezeichneten es einst als »Meilenstein der Wiederbelebung der hebräischen Sprache und Kultur sowie als maßgeblich die israelische Lebenskultur selbst beeinflussend«.

Vom bedeutenden Kulturzentrum aus düsen wir Richtung Allenby. Die als hässlichste Straße Tel Avivs bekannte Fahrbahn ist in Strandnähe von Strip-Clubs, Sexshops und zwielichtigen Touristenfallen und im Süden von Billig-Klamotten-Läden eingekesselt. Dazwischen befinden sich allerlei nicht identifizierbare Geschäfte, die allerlei Nichtidentifizierbares anbieten. Wir fahren Richtung Strand und kommen an die Promenade, die Tayelet, wie der gemusterte Asphaltstreifen von Israelis genannt wird. Bei Tag und am Abend eine lebendige Meile zum Spazieren, Joggen und Flanieren, ist die Tayelet nachts an der Ecke Allenby Anlaufstelle für Obdachlose und orientierungslose Jugendliche. Richtung Norden säumen klotzige 70er-Jahre-Hotelbauten ihren Weg, dort ist die Promenade eleganter und führt zum aufwendig sanierten Hafengelände voller Schickimicki-Clubs, Restaurants und Bars. Richtung Süden löst sich die Strandstraße langsam auf und passiert dabei grillende Großfamilien im Rasen an der Kaimauer.

Jaffa, der eher arabisch geprägte Teil von Tel Aviv, war mit seinem alten Hafen immer eines der meistumkämpften Gebiete in Israel. Ob Napoleon, Saladin oder Richard Löwenherz, sie alle hatten hier schon einmal die Macht. Auch heute wird in Jaffa ein Kampf ausgetragen. Angreifer sind die Immobilien-Napoleone. Immer mehr Luxusbauten werden in Jaffa hochgezogen, immer mehr wohlhabende jüdische Israelis entdecken das Viertel für sich. Dass die Yuppies die alten Einwohner vertreiben, läuft in jeder Großstadt so. In Jaffa sind die Yuppies aber meist Juden und die alten Einwohner Araber, und so bekommt die Gentrifizierung sofort einen politischen Touch.

Jaffa ist an vielen Stellen sehr viel schöner, als Tel Aviv es jemals sein könnte. Selbst der Stadtteil Ajami, der durch den ihm gewidmeten Film 2009 als Kriminalitäts- und Drogen-Favela bekannt wurde, ist (zumindest von den größeren Straßen aus gesehen) geprägt von tollen Häusern und schicken Restaurants. Nur wenn man in die dunklen Seitenstraßen schaut, sieht man grüppchenweise junge Männer zusammenstehen, die sich die Kapuzenpullis tief ins Gesicht gezogen haben. An Ajamis Hauptstraße Yefet sitzen Männer, die Backgammon spielen und Wasserpfeife rauchen. Frauen in Kopftuch und langen Gewändern kaufen hier auch Samstagabend ein, wenn im jüdischen Tel Aviv alles geschlossen hat.

Ich drehe mich auf dem Roller und blicke Richtung Süden. Dort leuchtet Bat Yam. Die Stadt wird mehrheitlich von russischen Einwanderern bewohnt, ganze Straßenzüge entlang sieht man hier nur kyrillische Buchstaben. Wir fahren aber Richtung Norden zurück nach Tel Aviv. Auf der Heinrich-Heine-Straße, die übrigens neben der Gazastraße liegt, geht es nach Neve Sha'anan, dem Stadtteil neben dem Busbahnhof. Hier leben vor allem Gastarbeiter und Flüchtlinge. Immigranten aus Eritrea, den Philippinen, Ghana, Indien, der Ukraine oder dem Sudan. Etwa 250 000 gibt es davon in Israel, viele sind illegal, die meisten der afrikanischen Flüchtlinge sind Moslems und deswegen nicht besonders willkommen in Israel. Sie werden als Bedrohung für den jüdischen Charakter des Landes gesehen, dabei übernehmen sie in fast jeder Restaurantküche Jobs, die jüdische Israelis offensichtlich nicht übernehmen wollen. Immerhin können sie in Israel in Sicherheit leben, während viele andere Flüchtlinge auf ihrem Weg nach Israel von ägyptischen Grenzkräften erschossen werden.

Die philippinischen Immigranten dagegen sind meist Christen (was sie ein wenig mehr willkommen macht) und arbeiten in den Kibbuzim in der Landwirtschaft, wo es kaum noch israelische Arbeitskräfte gibt, sowie in der Altenpflege. Die meist weiblichen Pflegerinnen sind die guten Geister des Landes. Tagsüber kann man überall in Tel Aviv Gruppen von älteren Herrschaften sehen, die Hand in Hand mit ihren philippinischen Betreuern langsam die Straßen entlangschlurfen.

Im Lewinsky-Park, dem sozialen Herz des Viertels Neve Sha'anan, sitzen abends Gruppen von dunkelhäutigen Männern, erzählen, essen und trinken. Viele, die hier die Straßen auf- und abtigern, könnten direkt aus Harlem eingeflogen sein. Sie laufen mit amerikanischem Rapper-Bling-Bling und USA-Ballsport-Klamotten durch den Nahen Osten. Auf mich wirken sie trotz großer Posen immer etwas verloren, sie sind wie die Gastarbeiter in Deutschland. Vielerorts unwillkommen und trotzdem wichtig für die Wirtschaft des Staates. Sie schicken monatlich Geld an ihre Familien zu Hause und wissen nicht, wann sie jemals zu ihnen zurückkehren können.

In Neve Sha'anan leben sie Tür an Tür mit Drogenabhängigen und Prostituierten, die erschöpft auf den Bordsteinen in den Nebenstraßen sitzen. Nicht selten kann man live erleben, wie Leute sich eine Spritze setzen. Die Gegend ist verroht und gerade deswegen so spannend. Richtung Südosten

blickt man zum Stadtteil Tikwa, der jenseits der großen Brü-
cke hinter dem Highway liegt. Richtung Westen liegt, nur
einen kurzen Fußweg entfernt, der hippe Fashion-Stadtteil
Gan Hahashmal. Ich glaube, bald wird das Modevolk sich
weiter ausbreiten, und dann wird die Gentrifizierung auch
in Neve Sha'anan das Stadtbild verändern.

Tel Aviv II: Vom Elektro-Garten bis zur Hochzeitsstraße – Der messianische Teil

In Gan Hahashmal (Elektro-Garten) sind einige israelische Topdesigner wie »Sharon Brunsher«, »Frau Blau« und »Collective 6940« zu Hause. Sie liegen Tür an Tür mit stylischen Bars und Restaurants. Die Atmosphäre ist unfertig und voller Modevolk. Andererseits ist das sogenannte Viertel so klein, dass man mit dem Roller in wenigen Sekunden durch ist. Westlich vom Elektro-Garten liegt das Studentenquartier Florentin. Hier kann man vor allem billig wohnen und trinken. In regelmäßigen Abständen finden wilde Straßenpartys statt, die fast immer von der Polizei aufgelöst werden. Florentin liegt zwischen der Herzl-Straße, die nach Süden hin immer dreckiger und unheimlicher wird, und einem der teuersten Stadtteile, Neve Zedek.

Neve Zedek ist wie ein eigenes kleines Dorf inmitten von Tel Aviv. Weil es so idyllisch und schön ist, walzen täglich Touristenscharen durch die kleinen Straßen, das tut aber meiner Begeisterung für die Ecke keinen Abbruch. Zwischen den südländischen, kleinen, toll restaurierten Häusern fühlt man sich wie in einem italienischen Dorf. Alles wirkt ganz friedlich und beschaulich. Nur wenn man ganz genau hinhört, sickert der Lärm der Stadt ein wenig durch. Kein Wunder, denn ganz in der Nähe liegt der Rothschild Boulevard. Die Straße, die wir auf unseren Roller-Touren immer mindestens einmal kreuzen.

Der Prachtboulevard ist nach dem Zionisten Baron Edmond James de Rothschild benannt und die tollste, wichtigste und teuerste Straße in Tel Aviv. Viele der Gebäude, die rechts und links hinter hohen Bäumen hervorlugen, sind Bauhaus-Bauten und gehören zum UNESCO-Weltkulturerbe der »White City« Tel Aviv. Außerdem ist der Rothschild Boulevard praktisch der Geburtsort Israels – hier verkündete David Ben Gurion 1948 Israels Unabhängigkeit. Passenderweise in einem Haus, das wie ein Bunker aussieht. Mit dem breiten grünen Mittelstreifen, der ausschließlich für Radfahrer und Fußgänger gedacht ist, lockt die Bauhaus-Straße genauso viele Fußgänger wie die Tayelet am Strand an.

Doch wir biegen ab und fahren Richtung Markt. Der Shuk Ha' Carmel ist die Lebensader Tel Avivs. Hier wuselt sich die eh schon laute Stadt zu einem riesigen Lärmhaufen zusammen. Auf dem Platz am Eingang zum Marktgassenlabyrinth sitzt tagein, tagaus Jesus. Der ehemalige Normalo-Israeli behauptet, er sei seit einem Schlangenbiss der Messias, und schart ein paar Freunde auf seinem roten Samttuch um sich. Neben ihm sitzt seine dritte Frau (die dritte nur in diesem Jahr). Die anderen sind ihm abhandengekommen. Vor sich haben sie ein kleines Tweety-Kuscheltier aufgestellt. In seinem Plüsch-Königreich gibt es Gemüse, Kosmetik, Fleisch, Fisch, Brot, Spielzeug, Kleidung, Schmuck zu kaufen und nichts, was es nicht gibt. Der Markt ist eine völlig eigene Welt, mit eigenen Gesetzen, und was ich besonders an ihm mag: Er ist für alle da. Hier treffen sich Touris und Einheimische, Soldaten (vor allem Freitags), Szene-Hippster, Lubawitscher und eben der Messias. Die Lubawitscher sind übrigens orthodoxe Juden, die säkulare Religionsgenossen zu einem orthodoxeren Leben führen wollen. Sie und der Messias ignorieren einander angestrengt.

Ähnlich durcheinander ist die Ben-Yehuda-Straße, die parallel zum Strand verläuft. Nur im Sommer scheinen hier ausschließlich französische Touristen zu leben. Für den Rest des Jahres pflegt die Straße ihre Konzeptlosigkeit. Obwohl relativ schlotterig und hässlich, ist sie geprägt von gehobenen Souvenirshops und teureren Kunstgalerien. Auch einen Pelzladen sowie ein iranisches Teppichgeschäft kann man auf der Ben Yehuda finden. Die Straße hat kein System, sie steht damit stellvertretend für die Stadt. Neben ihr liegt, nur einen Katzensprung entfernt, die Hochzeitsstraße.

In Israel ist heiraten elementar. Alle Eltern scheinen einzig und allein darauf hinzuarbeiten, dass sie ihre Kinder erfolgreich vermählen. Wenn es dann so weit ist, strömen die Israelis zur Dizengoff-Straße. Hier reiht sich ein Brautmodengeschäft an das nächste. Ganze Schuhläden bieten ausschließlich weiße Treter an. Dazwischen finden Angehörige Festtagsmode und Anzüge (nicht, dass die irgendjemand hier wirklich tragen würde). Von den Anzügen ist es dann nicht mehr weit nach Europa. Der Basel-Platz und seine kleinen Straßen erinnern mit ihren Cafés, Restaurants und kleinen Geschäften an den Berliner Prenzlauer Berg. In Basel leben die High-Techies und hypererfolgreichen Mittdreißiger bis Mittvierziger, bevor sie ihre Häuser in Tel Aviver Vororten beziehen. Die Parkplätze um den Basel-Platz sind von einer hohen Luxuskarossendichte geprägt.

Wir könnten jetzt noch weiter nach Bnei Brak tuckern, in das ultraorthodoxe Schtetl, das direkt vor Tel Aviv liegt, oder zum Diamond-Distrikt voller glänzender Hochhäuser, oder nach Montefiore mit all seinen Autowerkstätten, aber wir rollern müde nach Hause. Immerhin haben wir heute Abend schon die ganze Welt gesehen. Im kleinen Tel Aviv. Inklusive Messias.

Zeit

Zu Weihnachten gab es bei uns dieses Jahr Uhren. Mein Vater schenkte meiner Mutter eine, meine Mutter meinem Vater, und ich bekam nicht nur eine Armband-, sondern auch noch eine Wanduhr. Das macht rekordverdächtige vier Uhren pro drei Personen pro ein Weihnachtsfest. Und Moment mal, beim genaueren Hinsehen – hingen da nicht mindestens 20 Uhren im Haus meiner Eltern herum? Sollten wir etwa einen Uhrentick haben? Mitnichten. Wenn ich mich in meinem Heimatland so umschaue, stelle ich beruhigt fest, dass wir völlig normal sein müssen. Denn in Deutschland stehen überall Tausende öffentliche Uhren auf den Straßen. Pro U-Bahn-Station in Berlin ticken mindestens fünf Zeitanzeiger, auf jedem Gleis! Im Radio wird die Zeit ungefähr alle 15 Minuten durchgegeben. Und alle meine deutschen Freunde tragen immer ein schmuckes Gerät am Handgelenk, das ihnen sagt, ob es spät oder früh ist.

In Israel gibt es praktisch keine öffentlichen Zeitmessgeräte. Selbst an Bushaltestellen sucht man danach vergebens. Meine Freunde hier tragen kaum Armbanduhren, sie sagen, das sei nicht nötig. Mein wunderbarer Lebensgefährte besitzt zwar zwei, aber eine hat er von meinen Eltern bekommen, die andere von mir. Zeit hat eine andere Bedeutung in Israel. Zeit ist weit im Heiligen Land. Wenn Israelis jüdische Feiertage begehen, feiern sie, als wären sie selbst dabei gewesen.

Was vor 5000 Jahren passierte, geschieht dann auch im Hier und Jetzt in einer Zweiraumwohnung in Haifa: »Als wir aus Ägypten auszogen«, »Als der Perser Hamam uns ausrotten wollte«, »Als wir die Zehn Gebote bekamen«.

In Deutschland sagt man eher Dinge wie »Wir haben doch heute damit nichts mehr zu tun«, »Das ist schon so lange her« oder »Aber bitte sei pünktlich«. Deutsche leben zeitlich selektiv. Sie lieben es zu planen, sie sind stolz auf Deutschlands Tradition der Dichter und Denker. Aber was nicht gefällt, wird in die ferne Vergangenheit abgeschoben. Ganz nach dem Motto »Vorwärts immer, rückwärts nimmer« (Zitat Erich Honecker). Ein universelles Zeitgefühl, in dem immer alles präsent ist, gibt es nicht. Gleichzeitig ist die deutsche Zeit eine feste Zeit. Eine feststehende Größe, die auf all den tausend Uhren im Land immer weiter läuft, unabhängig von seinen Menschen.

Israelis dagegen besitzen ein universelles Zeitgefühl, in dem ihre 5771-jährige Geschichte allzeit präsent ist. Mehr noch, für sie ist Zeit nicht nur allumfassend, sondern relativ. Ob es Zeit gibt oder nicht, hängt immer von einer anderen Größe ab. Ein Israeli selbst wird nie das Gefühl haben, zu spät oder zu früh zu sein. Nur wenn der andere früher da war, kann er zu spät gewesen sein. Obwohl Israelis sehr hektisch sind und gerne so *busy* wie Amerikaner wären, sagen sie oft »jesch hasman«. Das bedeutet wortwörtlich »es gibt Zeit«. Wer die Zeit hat, für was wann und wo, wird selten genauer spezifiziert. Auch Pläne sind relativ. Man kann sich treffen, wenn a), b) oder c) eintrifft – oder auch nicht. Zeit taugt in Israel höchstens als Grund für eine der vielen kleinen, alltäglichen Revolutionen.

Denn Israelis lehnen sich gerne auf. Sie leben eine Streit- und Protestkultur. In diesem Jahr traf ihr Unmut die Winterzeit. Die ultraorthodoxen Israelis haben vor fünf Jahren durchgesetzt, dass bereits am Wochenende vor dem Feiertag Jom Kippur auf Winterzeit umgestellt wird. Zwar muss man dann trotzdem 25 Stunden fasten, aber es fällt etwas leichter, weil man gefühlt eine Stunde mehr schlafen kann. Oder so. Das Konzept ist für Nichtreligiöse etwas undurchsichtig. Da sich nun aber Jom Kippur nach dem jüdischen Kalender richtet, musste in diesem Jahr schon Mitte September auf Winterzeit umgestellt werden. Also mehr als einen Monat bevor Deutschland die Uhren zurückdreht.

Und weil bei 30 Grad eine Umstellung auf Winterzeit bekloppt ist, haben mehr als 100 000 Israelis die frühe Winterzeit boykottiert. Das würde natürlich in Deutschland nicht gehen, denn das wäre das totale Chaos beim Pläneschmieden. In Israel jedoch ist Zeit wie gesagt relativ, es war also auch mit dem Boykott alles wie immer. Nur die 20-Uhr-Nachrichten haben die Revolutionäre vier Wochen lang verpasst. Aber die Damen und Herren vom israelischen Sender Channel 2, die die neuesten Ereignisse allabendlich todernst in die Linse sprechen, sind sowieso die Einzigen hier, die überhaupt ein Zeitgefühl haben, das mit dem deutschen vergleichbar ist. Auch sonst haben sie etwas hängende Mundwinkel.

Neben der deutschen und israelischen Interpretation von Zeit finde ich übrigens die japanische noch erwähnenswert. Freundin S., eine Halbjapanerin, die zwei Jahre lang in Tokio lebte, berichtete mir nämlich neulich Folgendes zum japanischen Zeitgefühl: In Tokio sind die öffentlichen Verkehrsmittel extrem pünktlich. Alles ist genau getimt. Wie lange brauchen die Menschen die U-Bahn-Treppe rauf? Wie lange stehen sie wo und wann muss daher was abfahren? Sollte es in dieser überkontrollierten Welt doch mal zu einer kleinen Verspätung von wenigen Minuten kommen, meldet sich der U-Bahn-Lokführer zu Wort und entschuldigt sich ergebenst dafür, dass er seinen Passagieren nun den »Tag zerstört hat«.

Und ich dachte, wir Deutschen wären extrem. Wahrscheinlich brauchen die Japaner dringend eine israelische Winterzeit.

Der Aberglaube

Neulich spuckte meine Hebräischlehrerin auf den Fußboden und schrie etwas, das wie »Hals und Angina« klang. Sie war sehr aufgebracht. Ihr Gesicht war zu einer angsterfüllten Fratze verzogen. Die vollen schwarzen Haare standen wild zu Berge. Was war geschehen? Wir hatten gerade die Vokabel »streuen« gelernt. Banknachbar L. aus Dänemark, ein wahnsinnig netter und sehr nordeuropäischer Typ, sollte einen Beispielsatz mit dem Wort bilden. Er sagte in langsamem, perfektem Doktoren-Hoch-Hebräisch: »Der Krebs hat gestreut.« Danach guckte er stolz in die Runde. Lehrerin N. spuckte und tobte. »Chas we chalila!« Gott behüte! Däne L. war völlig verdattert. Die Klasse schwieg geschockt.

Israelis sind abergläubisch. Tausend kleine Dinge kann man nicht tun, weil sie schlimme Konsequenzen nach sich ziehen. Aber vor allem kann man nicht über mögliche schlimme Dinge sprechen. Chas we chalila. Gott behüte. Das sagen die Israelis dann. Hebräischlehrerin N. sagt es mindestens einmal pro Kurs. Wir lernen die Vokabel »Herzinfarkt«. Chas we chalila. »Verletzen.« Chas we chalila. »Schlagen.« Chas we chalila. Fut, Fut, Fut. Sprach's und spukte dreimal trocken auf den Boden rechts neben sich. Manchmal glaube ich, ich sitze nicht im Sprachkurs, sondern in einem Exorzismus-Seminar für Hexenwissenschaften. Ich warte auf den Tag, an dem Lehrerin N. einen Raben auf der Schulter trägt.

Oder Frösche in einen großen Topf wirft. Von Kurs zu Kurs scheint sie Gundel Gaukeley aus den Disney-Comics ähnlicher zu werden.

Auch mein wunderbarer Lebensfreund spuckt des Öfteren, immer dann, wenn er eine schwarze Katze sieht. Wie gut, dass unser Kater zu Hause rothaarig ist, wo sollte das sonst hinführen? Und als ich vor einiger Zeit meinem Schwiegervater in spe ein Messer zum Essen reichen sollte, klopfte er energisch minutenlang mit seinem Zeigefinger auf den Tisch, anstatt mir das Teil einfach abzunehmen. Auf meinen völlig entsetzten Blick hin erklärte man mir, er könne mir das Schneidewerkzeug nicht direkt abnehmen, das bringe Unglück. Ob es auch Unglück bringe, mir das nicht zu erklären, sondern stattdessen nur grimmig und stumm auf den Tisch zu pochen, wagte ich schon gar nicht mehr zu fragen.

Interessanterweise sind sich Deutsche und Israelis hier gar nicht so unähnlich. Denn auch wir Deutschen sind äußerst abergläubisch. Eine Eigenschaft, die man uns rationalen, nach Perfektion strebenden Maschinenmenschen (ich benutze hier Stereotype) gar nicht zugetraut hätte. Doch eine Allensbach-Studie aus dem Jahr 2009 straft das Klischee des Rational-Deutschen Lügen. Demnach glauben rund 40 Prozent der Befragten an die Kräfte von Glückskleeblättern, fallenden Sternschnuppen und Schornsteinfegern. Ich bin da keine Ausnahme. Höre ich den ersten Kuckuck, schüttele ich mein Portemonnaie, Schuhe dürfen bei mir nicht auf den Tisch, und Salz verstreue ich höchst ungern. Unter einer Leiter würde ich nie durchgehen. Und wenn ein Spiegel zerbricht, könnte ich heulen über all das Pech.

Der echt deutsche, rationale Teil in mir denkt natürlich,

dass das alles Quatsch ist. Wie könnte man es sich sonst erklären, dass die Regeln für einen gepflegten Aberglauben in jedem Land andere sind? Und wer kann schon all die tausend Regeln, die sich um den Aberglauben herumranken, wirklich befolgen? Ich mache zwar mit, aber meistens eher halbherzig. Israelis sind da sehr viel extremer. Vielleicht muss man an das grundsätzliche Konzept vom »Glauben« glauben, um auch wirklich abergläubisch zu sein. Dann liegt natürlich auch die Esoterik nicht mehr fern. So berichtete Freundin L. neulich todernst von einem Numerologen, den sie kennengelernt hatte. Der Vater einer Freundin analysierte anhand ihres Geburtsdatums ihr Leben. Sie benutzte diese Berufsbezeichnung »Numerologe« so selbstverständlich, wie ich Psychologe sage. L. behauptete trotz meiner deutlich sichtbaren skeptischen Stirnfalte, dass dieser Zahlendreher ihr Leben und ihre Persönlichkeit genau richtig beschrieben hätte. Sie glaubte ihm aufs Wort.

Israelis sind auch viel aufgeschlossener gegenüber Handlesern und Tarot-Karten-Legern und anderen Wahrsagerberufsgruppen. Nicht selten höre ich in meiner Schwiegerfamilie Geschichten von Zeichen und Wundern. Neulich hätte ein Medium (die Nachbarin) mit einem verstorbenen Sohn einer anderen Nachbarin kommuniziert. Obwohl sie nichts von dem wusste! Meine Stirnfalten werden in diesem Land immer tiefer. Ich habe schon genug damit zu tun, an die Existenz eines Gottes zu glauben. Dass da jemand ist, der mein Leben lenkt, den ich nie gesehen habe, dessen Regeln ich aber einhalten soll, finde ich eher unheimlich als beruhigend.

Das Heilige Land aber wird ja nicht umsonst so genannt.

Der Name der bekannten Psychose »Jerusalem-Syndrom« kommt auch nicht von ungefähr. Israel ist das Land des Glaubens. Ohne Wenn und Aber. Am Jesus-See Genezareth, den die Israelis Kinneret nennen und der für mich Ungläubige in erster Linie die schwindende Süßwasserquelle des Landes ist, sah ich vor einiger Zeit ein Schild. Ein schwarzes Verkehrsmännchen lief über das Wasser. Das Ganze war mit einem fetten Verbotsstrich als ordnungswidrig klassifiziert. »Bitte nicht übers Wasser laufen« hätte darunter stehen können. Ich lebe in einem Land, in dem ernsthaft solche Hinweisschilder stehen. Wahrscheinlich ist mein kleiner Aberglaube ein guter Anfang.

Trance-Aufgang

Israelis lieben Sonnenaufgänge. Das liegt an den Trance-Partys.

Natürlich ist in einem normalen israelischen Leben nicht vorgesehen, Sonnenaufgänge zu sehen. Denn das würde ja im Winter ein Aufstehen um sechs und im Sommer um fünf bedeuten. Daher gibt es nur eine Möglichkeit, in Israel Israelis beim Sonnenaufgang-Gucken zuzusehen: die Trance-Party.

Israelis lieben Trance noch mehr als Sonnenaufgänge. Die wummernde Musik, die sich immer kurz melodisch aufbäumt, um dann wieder zurück ins monotone Trommeln zu fallen. Dazu der israelische känguruartige Hüpftanz. Israelis sehen selten so glücklich aus wie auf Trance-Partys. Und davon gibt es hier viele. Am beliebtesten sind die Nature-Partys. Wie der Name schon sagt, trifft man sich dafür ein ganzes Wochenende lang (oder auch nur an Teilen davon, wenn man Wert auf einen regelmäßigen Toilettenbesuch legt) in der Natur. Sprich Wüste oder künstlicher Wald. Als ich noch relativ unvertraut mit Israel war, schleppte mein wunderbarer Lebensfreund mich zu so einem Naturausflug.

Angeblich wurde Trance in Deutschland erfunden. Zu Beginn der Neunziger haben DJs wie Harald Blüchel (alias Cosmic Baby), Matthias Paul (alias Paul van Dyk) und Sven Väth (alias Sven Väth) den Musikstil maßgeblich entwickelt und schnell einen riesigen Fanpool gewonnen. Es war die Zeit der Loveparade, Sonnenblumen und Neonfarben. Ende der Neunziger war es dann auch schon wieder vorbei. Heutzutage ist Trance in der Bundesrepublik fast tot. Freunde der elektronischen Musik hören in Deutschland Techno, Minimal, House oder Electro. Alles, nur kein Trance. Für mich (da ich Anfang der Neunziger noch Kinderkassetten hörte) stehen Trance-Fans symbolisch für schlechte Frisuren und chemische Drogen. Die noch lebenden Trance-Fans in Deutschland sind aber auch eine solch unbedeutende Splittergruppe, dass man sich die Frage »Trance ja oder nein« nicht stellen muss.

In Israel sind alle Leute zwischen 20 und 40 Trance-Fans. So einfach ist das hier. Angefeuert wird die Trance-Liebe von den Post-Armee-Reisen der Israelis nach Indien. Bevorzugt hängen sie dort in Goa ab und hören Trance. Ich weiß das, habe ich doch meinen wunderbaren Lebensgefährten ebenfalls in Goa kennengelernt. (Ich war wegen des Strandes da. Natürlich.) Doch nicht nur israelische Exsoldaten hören die elektronische Tanzmusik. Trance verbindet hier die Massen. Orthodoxe Schwarzhüte hopsen zum Trance-Beat. Orientalische Sänger wimmern ihre Liebeslieder auf wummernde Rhythmen. Selbst ältere Leute scheinen Trance nicht so schlimm zu finden. Meine Schwiegereltern in spe tuckerten vor einigen Wochen mit dem bekanntesten israelischen Trance-DJ Skazi durch das Mittelmeer. Bis heute weiß ich nicht, ob das gewollt war. Tagelang wummernder Trance auf dem Schiffsdeck und eine Meute hüpfender Israelis. Immerhin, als sie wiederkamen und von ihrem Abenteuer berichteten, schienen sie unglaublich erholt und gut gelaunt. Wenn man meine Eltern tagelang auf einem Trance-Schiff einsperren wollte, würden sie freiwillig von Deck springen. Nach fünf Minuten!

Mein Verhältnis zu Trance ist auch schwierig. Ich mag dieses Aufbäumen und Abfallen der Musik nicht. Jedes Mal wenn ich denke, jetzt geht's los, ist es wieder vorbei. Das änderte sich auch bei meiner ersten israelischen Nature-Party nicht. Ich fühlte mich wie ein steifer Stock zwischen biegsamen Schilfen. Zu meiner angeborenen Trance-Skepsis gesellt sich nun auch noch, dass ich keine Drogen nehme. Auf Trance-Partys hingegen sollte man wohl Drogen nehmen, um die Musik zu fühlen oder so.

Neben mir sprangen glücklich-berauschte Männer und Frauen unkontrolliert durch die Negev-Wüste. Mal sahen sie aus wie afrikanische Stammestänzer, mal wie ein verrückt gewordener alter buckliger Mann, mal wie gackernde Hühner. In jedem Fall wirkten sie weggetreten, es heißt ja nicht umsonst Trance. Ich war anscheinend die Einzige mit einem klaren Kopf. Selten kam ich mir so langweilig vor. Dieses Außenseiterdasein liegt mir nicht. Ich bin normalerweise sehr gesellig. Ich will nicht langweilig sein. Und schon gar keine Spaßbremse. Kurz vor fünf kam mir dann die rettende Idee.

»Wow, schaut mal«, schrie ich in die hoppelnde Menge. »Die Sonne geht auf!« Ha. Und das war das. Alle aaaahten und ooohten. Mir wurde Respekt entgegengebracht, man klopfte mir begeistert auf die Schulter. Ich hatte das Wichtigste am israelischen Volk verstanden. Ich war jetzt eine von ihnen.

Der Anschlag

Gestern habe ich ein neues Wort gelernt. Ha Pigua. Der Terroranschlag. Ich hätte dieses Wort lieber nicht gelernt, aber danach fragt keiner. Denn gestern sind in Jerusalem Busse explodiert. Jemand hatte eine Bombe in einer Telefonzelle am Busbahnhof deponiert. Ich kenne diese Telefonzelle. Ich stand schon einmal daneben, und es ist nicht allzu lange her. Natürlich habe ich nicht die Illusion, in einem völlig normalen, friedlichen Land zu leben. Und da ich auch noch überängstlich bin, denke ich mir schon manchmal, während ich in großen Menschenansammlungen verharre: »Was wäre jetzt, wenn …?« Ich versuche mir dieses unsägliche Gedankenspiel jedoch abzugewöhnen. Es bringt ja nichts. Ich lebe nun mal nicht in Castrop-Rauxel.

Ich würde aber lügen, wenn ich sagen würde, dass mich so ein Anschlag nicht völlig aus dem Konzept bringt. Er macht mir Angst, er macht mich traurig und wütend zugleich. Und er macht mich hilflos. Der Anschlag war der erste dieser Art in Jerusalem seit 2004. Er zeigt, dass man sich nicht so sicher fühlen darf, wie man gerne würde. Es kann überall ständig losgehen. So eine Bombe kann in einem Mülleimer liegen, in den man etwas wirft, oder unter einer Parkbank angebracht sein, auf der man sitzt – und nicht immer wird das dann sofort entdeckt, wie die neuesten Ereignisse zeigen. Der israelische Geheimdienst, an den ich sonst zur Beruhi-

gung denke, hatte keine Ahnung. Es gab keine Vorwarnun-
gen wie sonst. Der Angriff kam aus dem Nichts. Meine erste
Reaktion war: Ich geh heute nicht mehr vor die Tür. Dann er-
innerte ich mich, dass ich ja Sprachkurs hatte. Und um dort
hinzukommen, musste ich am Markt vorbei. Oh Gott, fiel
mir in diesem Moment ein, nächste Woche muss ich nach
Jerusalem. Mit dem Bus. Ich versuchte, die Panik zu unterdrücken. Sie hilft mir nicht, ich lebe hier.

Als ich schließlich mit meinem Fahrrad auf die Straße fuhr,
war alles wie immer. Die Busse waren voll, die Cafés auch.
Die Menschen sahen normal aus. Niemand guckte verängs-
tigt oder drehte sich erschreckt bei jedem lauteren Geräusch
um. Und ich kam mir plötzlich vor wie der Oberpaniker.
Dabei hatte ich mich doch neulich erst über die panischen
Deutschen lustig gemacht. Ich entspannte mich und fuhr in
normalem Tempo am Markt vorbei.

Abends dann saß ich bekümmert auf dem Sofa und guckte
die Nachrichten des Tages. Gerade kündigte der Innenminis-
ter Vergeltung an. Die Kamera schwenkte in die Umgebung.
Um den Politiker herum hatten sich vor allem junge Männer versammelt. Dunkelhaarige Proleten standen Schulter an
Schulter mit rothaarigen Orthodoxen. Alle waren aufgeregt.
Aufgelöst. Neugierig. Wütend. Im Hintergrund stand stumm
ein großer kahler Baum. Er hatte seit der Detonation keine
Blätter mehr. Dafür hing mitten im Baum, auf dem großen
Mittelast, ein orthodoxer Rabbi. Er hatte einen langen grauen
Bart und sah wirklich alt aus. Und da stand er nun im Baum
und nickte wie im Gebet vor sich hin. Wie war der Rabbi bloß
dorthin gekommen? Ich musste lachen. Ein Rabbi im Baum.
Selbst im traurigsten Moment ringt Israel sich Komik ab.

Heute dann explodierte eine Rakete, die in Gaza abgeschossen wurde, nur 20 Kilometer südlich von Tel Aviv. Da
verging mir das Lachen wieder. Das wäre, als wenn ich in
Berlin-Mitte sitzen würde und die Niederländer bombardieren mal eben Potsdam. Eine ziemlich furchterregende Angelegenheit. Dementsprechend verzweifelt war ich, als plötzlich Freundin B. aus Deutschland anrief. Als ich schniefend
abnahm, redete sie direkt darauflos. Dieser Typ macht sie
verrückt. Und sie muss ihm jetzt eine Nachricht schreiben,
die ein für alle Mal klärt, dass sie da nicht mitmacht. Män-
nergeschichten. Freundin B. hatte Liebeskummer. Das war
genau das, was ich jetzt brauchte. Ich habe mich selten so
über ihren Anruf gefreut.

Kater Koscher

Meine Kater Dschinji mag am liebsten Whiskas. Und er hatte heute kein Futter mehr. Es ist Pessach. Diese Dinge mögen augenscheinlich nicht zusammenhängen, liebe Leser, bis vor einer Stunde sah ich selbst keinen Zusammenhang. Aber wie ich schon oft zu erklären versuchte, Israel steckt voller Überraschungen. Gerne erläutere ich, wie das Kleine mit dem Großen in tiefem, untrennbarem, schmerzhaftem Zusammenhang steht.

Es ist also Pessach. Wir feiern den Auszug der Juden aus Ägypten. Die Tage, in denen Moses die Juden zurück ins Land Israel geführt hat. In Ägypten waren sie Sklaven. Pessach ist demnach im Wesentlichen ein Fest der Freiheit, der Befreiung aus der Sklaverei. Blöderweise war der Weg in die Freiheit etwas ungeplant und kam überraschend. Man hatte also keine Zeit mehr, das Brot ordentlich garen zu lassen. Es blieb ungesäuert. Aus diesem Grund, um daran zu erinnern, dürfen religiöse Juden während Pessach nichts Gesäuertes essen. Also kein normales Brot. Keine Pasta. Keine Pizza. Nichts mit Hefe, kein Bier, keinen normalen Whisky und so weiter, und so fort. Ich finde, das ist so weit ein netter Brauch, den man auch, so man denn will, gerne aufrechterhalten kann. Mein Wunderbarster isst auch kein Brot an Pessach, keine Pasta, keine Pizza. Der Gedanke der Freiheit mag hier schon etwas zu kurz kommen, aber so ist das manchmal mit der Religion.

Es gibt Dinge, an die muss man sich gewöhnen, wenn man hier lebt. Lärm. Hitze. Chaos. Auch daran, dass man keine nordeuropäische Lebensweise im Allgemeinen hat, vielleicht. Aber ich glaube, es gibt Grenzen. Und heute, ausgerechnet heute, mitten im Fest der Freiheit, der Befreiung, bin ich an eine Grenze gestoßen. Und das kam so.

Der Kater hatte nichts mehr zu essen, und er mag am liebsten Whiskas. Also bin ich in den Supermarkt gegangen, um Abhilfe zu schaffen. Es ist Pessach, das sagte ich schon. Selbst in dem »AM to PM«-Markt, der kontinuierlich geöffnet hat (auch am Sabbat, dem jüdischen Ruhetag, an dem arbeiten verboten ist), waren plötzlich überall die Produkte, in denen böses Gesäuertes schlummert, mit Planen verdeckt. Das war mir aber egal, denn ich akzeptiere, dass an Pessach kein Brot oder Bier verkauft wird. Außerdem wollte ich ja eh nur Whiskas. An dem Regal, an dem es normalerweise eine bunte Auswahl an Trockenfutter gibt, hing ein Schild, auf dem irgendetwas mit Pessach stand. Ein weißer Plastikvorhang verdeckte die meisten Futtertüten, hinter einem Loch stand eine Tüte Katzenfutter, die mit dem Stempel »Koscher für Pessach« versehen war. Alle anderen Sorten waren angeblich nicht koscher für Pessach und deshalb hinter dem Vorhang. Inklusive Whiskas.

Ich habe die Tüte Whiskas trotzdem an die Kasse geschleppt, da ich davon ausging, dass der Vorhang nur für Religiöse dort angebracht sei. Der Supermarkt konnte schließlich schon deswegen nicht richtig koscher sein, weil er immer am Sabbat geöffnet hatte. An der Kasse jedoch sagte man mir, dass das Whiskas nicht verkauft werden könne, da es nicht koscher für Pessach sei. Koscher? Pessach? Whiskas? Katze?

Ich habe Ihnen ja gesagt, die Dinge stehen in einem untrennbaren, schmerzhaften Zusammenhang. Meine Kater ist doch kein Jude, sagte ich dann. Mein Kater ist kein Jude. Ich kann nicht glauben, zu welchen Aussagen dieses Land mich treibt. Der Sicherheitsmann am Eingang antwortete mir, dass der Kater selbstverständlich ein Jude sei. Wie kannst du sagen, dein Kater sei nicht jüdisch? Die Mutter ist doch auch jüdisch. Er zeigte auf mich. Ich habe den Kater nicht geboren. Insofern kann es sein, dass er tatsächlich jüdisch ist. Seine Mutter ist die fiese Katze, von der ich vor einiger Zeit angegriffen wurde. War sie Jüdin? Gab es Anzeichen? Betete sie manchmal im staubigen Hof? Noch während ich das dachte, glaubte ich, mir platzt der Kopf. Und dann der Kragen.

Wir befinden uns mitten im Fest der Befreiung, und ich kann meinem Kater kein Whiskas kaufen, weil er jüdisch ist. Das habe ich nicht gewusst, und es bringt mich an die Grenzen dessen, womit ich leben kann. Zehn Meter neben dem Supermarkt hat ein italienisches Restaurant geöffnet, man kann dort Pasta, Pizza und sogar Schweinefleisch essen. Gegenüber vom strengen Supermarkt sitzen Leute in einem Hummus-Restaurant und schmieren die Paste auf gesäuerte Pita. Gerade schlendern zwei junge Typen am Markt vorbei, in der Hand verbotene Bierflaschen. Und ich stehe hier in kurzer Entfernung vom normalen Leben, und ein paar Verrückte erklären mir, dass ich kein Katzenfutter kaufen darf, weil meine Kater Dschinji jüdisch ist.

Zu Hause habe ich den Kater sofort umbenannt. Er heißt jetzt Moses, und morgen werde ich ihm einen schwarzen Anzug und einen kleinen schwarzen Hut kaufen. Wenn schon, denn schon.

Matateh

Die durchschnittliche deutsche Frau weint 64-mal im Jahr. Ich habe wohl im letzten Jahr, meinem ersten in Israel, geschätzte 300-mal Tränen vergossen. Vielleicht muss das erste Jahr aber auch so schwer sein. Damit man dann Geschichten hat, die man erzählen kann. Davon, wie hart es war. Hätte man mir vorher gesagt, wie hart es werden würde, wäre ich vielleicht nicht gegangen. Dass Israel an Wassermangel leidet, kann schon wegen meiner Zuwanderung nicht mehr sein. Ich heulte schließlich wegen allem und jedem. Ich fühlte mich beleidigt, fremd, nicht willkommen, einsam. Hatte Sehnsucht, Panik und tiefe Wut.

Ich sehe all diese Menschen, die in dieser globalisierten Welt von A nach B ziehen. Die so mobil wie Zirkusdirektoren sind und nirgendwo zu Hause. Vielleicht gehöre ich nicht zu ihnen. Vielleicht brauche ich mein Heim. Meine Sicherheit. Meinen Hafen. Ich bin wohl eher der Clown, dem hinter der Bühne unter Tränen die Schminke verwischt. Bevor ich nach Israel bin, haben alle gedacht, inklusive ich selbst, dass meine Stärke sich schon durchsetzen wird. Dass ich wohl keine Probleme haben und mich mit links zurechtfinden werde. Als mich das erste Mal, am fünften Tag nach meiner Ankunft, eine Sekretärin im Sprachkursbüro anbrüllte, machte ich ohne zu antworten auf dem Absatz kehrt und rief heulend meinen Lebensfreund an.

Ihn verdammte ich bei anderen Gelegenheiten intensiv dafür, dass er mich an diesen schrecklichen Ort gelockt hatte. Ohne Regeln. Ohne Stil. Ohne Umgangsformen. Als ich mich nach acht Monaten im Land von einer Putzkraft in unserem Treppenhaus gedemütigt fühlte, weil ich das hebräische Wort für »Besen« nicht kannte (»Sprichst du kein Hebräisch?«), heulte ich, weil ich mich noch nie so dumm gefühlt habe. Weil ich noch nie in meinem Leben ein Problem damit hatte, mit Menschen zu plaudern oder ins Gespräch zu kommen. Und weil diese beiläufige, beliebige Plauderei mit Menschen, die man einfach irgendwo so trifft, für mich immer sehr wichtig war.

Ich heulte, wenn meine Eltern am Flughafen ankamen. Und auch dann wieder, wenn sie fuhren. Ich heulte, wenn ich mitten in der lärmenden Schwiegerfamilie saß und mich trotzdem einsam und allein fühlte. Wenn alles, was ich mir in dem Moment wünschte, war, dass meine eigene Familie jetzt bei mir wäre.

Dass ich Israel immer sehr geliebt habe, hätte ich fast vergessen. So einiges wäre mir fast entgangen. Zum Beispiel dass ich sehr gut zurückbrüllen kann, wenn es sein muss. Besser sogar als einige Israelis. Und dass ich sehr dominant sein kann und unhöflich. Oder dass es manchmal egal ist, ob ich Hebräisch spreche oder nicht. Weil es am Wichtigsten ist, dass ich mich selbst verstehe. Ich hätte fast vergessen, dass ich mir das Ganze selbst ausgesucht hatte. Und dass es keine Alternative gab, die nur annähernd so spannend gewesen wäre.

Neulich dann heulte ich das erste Mal, weil ich nicht aus Israel wegwollte. Weil es in Deutschland Winter war und bei uns Frühling. Und weil ich das Gefühl hatte, jeder Besuch »zu Hause« wirft mich wieder zurück. Weil ich wieder merke, wie einfach alles sein kann. Dort, wo man sich auskennt. Wo man dazugehört. Wo man sich wehren kann. Dieses Mal wollte ich nicht weg aus Tel Aviv. Wo schon die Vögel zwitscherten und Menschen mich auch mochten.

Als ich in Berlin im Taxi saß und am grauen Alexanderplatz vorbeifuhr, merkte ich, wie sehr ich es vermisst hatte. Aber nach Weinen war mir nicht. Stattdessen fiel mir das hebräische Wort für Besen ein: »Matateh«. Ich werde es so schnell nicht wieder vergessen.

Der Durchschnittsdeutsche

Ich habe eine unmögliche Aufgabe. Es ist Holocaust-Tag in Israel, und ich soll in meiner Hausaufgabe für den Sprachkurs über den »durchschnittlichen Deutschen« schreiben. Ich glaube nicht, dass meine Lehrerin das mit Absicht gemacht hat. In der letzten Stunde haben wir einen Text über den durchschnittlichen Israeli gelesen, und sie trug uns dann gewissermaßen in logischer Konsequenz auf, einen Text über den Durchschnittsbürger aus unserem Heimatland zu schreiben. Die anderen Schüler kommen aus Frankreich, Russland, Argentinien und Kolumbien. Sie können über Froschschenkel, Wodka, Tango oder Koks schreiben. Ich habe den Durchschnittsdeutschen. Am Holocaust-Tag.

Manchmal fehlt mir deutsches Fernsehen. Nicht direkt eine spezielle Sendung, einfach nur die Möglichkeit, auf die Fernbedienung zu drücken und dann durch Programme in meiner Muttersprache zu zappen. Ich habe angefangen, israelisches Fernsehen zu gucken. Vor allem die israelische Version von »DSDS« – aber oft verstehe ich nur die Hälfte. An einem Tag im Jahr gibt es jedoch Sendungen, in denen stundenlang nur Deutsch gesprochen wird. Es fallen Wörter wie »Herrenrasse«, »Untermensch« oder »Judenvernichtung«. Und wenn Hebräisch gesprochen wird, reden die TV-Leute von »Ha Germanim« – den Deutschen. Das ist der Tag, an dem mir wieder schmerzhaft klar wird, dass mein

Volk die Verbrechen begangen hat. Mein Volk. Ich bin »germanit«, und sie sind die »germanim« – das sind die gleichen Worte, sie verbinden uns. Das war mir in Deutschland nie so klar wie hier. Dort war es eine abstrakte Schuld, die unser Land auf sich geladen hat. Dort sagt ja niemand mit solcher Distanz »die Deutschen«. Da sind wir alle deutsch, das verändert die Betrachtung.

Hier in Israel ist alles anders. Hier ist keiner deutsch. Und schon gar nicht am Holocaust-Tag. Trotzdem fühlt man sich als Deutscher in Israel an kaum einem anderen Tag deutscher. Da alle von »den Deutschen« sprechen, habe ich immer das Gefühl, sie reden auch von mir. Ich bin Deutsche, das lässt sich nicht abschütteln. Im Gegenteil. Es gibt ja eine Tendenz bei Menschen, die im Ausland leben, noch patriotischer zu werden. Spanier, Israelis, Italiener, Rumänen, Ägypter – sie alle kennen dieses Gefühl. Für Deutsche bedeutet Leben im Ausland manchmal, das erste Mal im Leben überhaupt so etwas wie Patriotismus zu fühlen. Zumindest ging es mir so. Ich bin nicht wirklich mit Vaterlandsgefühlen groß geworden – ich glaube, in den prägenden Jahren meiner Erziehung waren die Leute etwas verwirrt. 1984 in Rostock geboren, war ich umringt von DDR-Bürgern – die Wiedervereinigung war das einzige Ereignis in meinem Leben, das einen patriotischen Anklang gehabt haben könnte – nur kann ich mich kaum daran erinnern.

Mit meinem Umzug nach Israel änderte sich das. Plötzlich schien mir mein Heimatland der schönste Fleck auf Erden zu sein. Ruhig, grün, hoch entwickelt, freundlich. Man sagt, als Patriotismus wird eine emotionale Verbundenheit mit der eigenen Nation bezeichnet. Ich versuche es wie Arthur

Schnitzler zu halten: »Ich liebe mein Vaterland nicht, weil es mein Vaterland ist, sondern weil ich es schön finde. Ich habe Heimatgefühl, aber keinen Patriotismus.« Trotzdem lasse ich mich manchmal vom ausgeprägten Patriotismus in Israel mitreißen – ich liebe dann Israel. Aber auch Deutschland. Ganz irrational ist diese Liebe, und irgendwie kommen die Gefühle für diese beiden Länder in meinem Leben dann zusammen.

Am Holocaust-Tag ist das das Verwirrendste. Während bei der zweiminütigen Schweigeminute um zehn Uhr morgens alle Leute plötzlich innehalten, um an die Millionen Opfer des größten Verbrechens an der Menschheit zu denken, dreht sich in meinem Kopf alles immer nur um die eine Frage: Warum mein Volk? Es ist sehr schwer, an diesem Tag in Israel deutsch zu sein. Man möchte kurzerhand behaupten, man sei Niederländer oder Schweizer. Oder wenigstens ein jüdischer Deutscher. Doch es hilft alles nichts. Ich bin Deutsche. Keine Jüdin. Kein Nachkomme von Widerstandskämpfern. Meine Großeltern hatten einen Arierpass. Vielleicht waren sie keine SS-Offiziere oder KZ-Aufseher, aber Mitläufer könnten sie gewesen sein. Gewählt haben sie Hitler wohl auch. Und wir sind verwandt. Teilen körperliche Merkmale und Persönlichkeitseigenschaften.

Was ist der Durchschnittsdeutsche? Ich würde es gerne wissen. Aber ich habe auch Angst vor der Antwort.

Cluburlaub

Ich sitze vor einer Open-Air-Bühne in Thailand. Es sind ungefähr 35 Grad um neun Uhr dreißig abends. Auf der Bühne sitzen ein Koreaner, ein Japaner, ein Australier und ein Südafrikaner. Sie tragen Röcke, Lippenstift und Gummibrüste. Vor der Bühne stehen ungefähr 100 Menschen und tanzen Choreografien, die ein mit gespreizten Händen klatschender Tunesier vormacht. Ich komme mir vor wie bei einem dieser durchgeknallten Christen-Events in Amerika. Eine religiöse Splittergruppe, die sich in Trance, ach, was sage ich, völlige Ekstase tanzt. Synchron natürlich. Es läuft »Waka Waka« von »Shakira« – Hilfe, ich bin im Cluburlaub!

Mitten in der wabernden Masse tanzt mein wunderbarer Lebensgefährte ausgelassen. Er scheint sich mühelos den Bewegungen der anderen Menschen anzupassen, gemeinsam schwingen sie die Arme und tänzeln in verschiedene Richtungen. Ich fühle mich, als hätte ich als Einzige das Memo am Morgen nicht bekommen. Zumindest von den Asiaten hätte ich erwartet, dass sie bei so etwas nicht mitmachen würden. Menschen verändern sich im Cluburlaub. Sie werden zu Spaßmaschinen. Und mein Wunderbarster war einer von ihnen. Er war voll dabei. Während ich ihm in unserem Alltagsleben manchmal vorwerfe, etwas langsam und unmotiviert zu sein, drehte er im Urlaub voll auf, sobald man ihm das Bändchen um das Handgelenk wickelte. Ich sah ihn

kaum. Er belegte einen Golfkurs, schoss Pfeile mit einem Bo-
gen auf bunte Zielscheiben, hüpfte wild auf einem Bungee-
trampolin und schwang wie ein Zirkusakrobat am fliegen-
den Trapez herum.

Ich liege im Urlaub gerne am Strand. Manchmal lese ich
ein Buch oder blättere in einem Modemagazin. Das war's.
Ich bin nicht der Typ für all die sozialen Aktivitäten. Ständig schwirren in so einem Club Menschen um einen herum
und wollen reden. Ich will das nicht. Ich will einfach nur auf
meiner Liege sitzen und stumm sein. Aber ich war ja nicht
alleine. Mein wunderbarer Lebensgefährte nutze jede Gelegenheit, um neue Freundschaften zu schließen. Er spricht
gerne mit Menschen. Das ist überall so. Als wir in Berlin in
unsere erste gemeinsame Wohnung zogen, kannte er nach
einer Woche die gesamte Nachbarschaft. Bei Spaziergängen
winkte er Leuten grüßend zu, die ich noch nie in meinem
Leben gesehen hatte. Auch in Tel Aviv kennt er alle unsere
Nachbarn beim Namen. Ich nicht.

Die einzige Nachbarin, die ich sympathisch finde und
zu der ich eine Verbindung spüre, ist die verrückte Katzenfrau von gegenüber. Sie trägt eine blonde Perücke, und ihr
Gesicht ist deutlich von Schönheitsoperationen gezeichnet.
Jeden Nachmittag schlurft die circa 50-jährige Frau in Pan-
toffeln aus dem Haus, zischt laut, bis alle Katzen der Straße
angelaufen kommen, und füttert sie dann. Ich füttere noch
nicht alle, aber immerhin schon zwei Streuner, die mir besonders ans Herz gewachsen sind. Ich habe jedoch das Gefühl, in ein paar Jahren könnte auch ich eine gute Katzenfrau
abgeben. Katzen reden nicht, sie schnurren nur.

Ganz im Gegensatz zu den Menschen, die in einem Club

urlauben. Sie alle scheinen in ihrem normalen Leben nicht viel zu reden. Im Club aber drehen sie auf. Und dann rennen natürlich auch noch überall Animateure herum, die einen ständig zu irgendetwas drängen wollen. Alle sind so aktiv und fröhlich.

Ich hingegen wollte meistens einfach nur schlafen. Zum Beispiel nach dem Mittagessen, was im Club wirklich gut war. Es ging nicht. Überall liefen Menschen herum und schrien vor Glück, an der nahe gelegenen Bar wummerte Partymusik. Da gab ich auf und fügte mich meinem Schicksal. Es half ja nichts, sie würden mich nicht lassen.

So wurde ich eine von ihnen – eine Cluburlauberin. Ich flitzte durch die Anlage, kommunizierte fröhlich mit Fremden, partizipierte an Sportaktivitäten und schnorchelte in der Gruppe. Eines Abends dann tanzte ich sogar synchron mit all den anderen Clubbis. Ich warf die Arme in die Luft und drehte die Füße von rechts nach links. Mein wunderbarer Lebensgefährte war begeistert, wir waren eins. Als am Tag unserer Abreise eine Delegation von Animateuren zum Abschied winkte, musste ich weinen. Aber tief in mir drin freute ich mich schon schrecklich auf meine Katzen.

Nomen eſt omen

»Yogev sagt Danke für das Geschenk«, brüllte mein Wunderbarster mir neulich aus der Küche zu. »Wer ist das?«, schrie ich fragend zurück. »Adi heiratet«, berichtete er einige Tage später. »Schön«, lobte ich, »wer ist das noch mal?« – »Viele Grüße von Ofer soll ich dir sagen«, meinte er gestern. Wer sind diese Menschen, hämmerte es in meinem Kopf. Ich kenne diese Leute nicht!

Mein Freund hat eine sehr große israelische Familie. Obwohl ich alle seit mindestens fünf Jahren schon kennen sollte, weiß ich oft auf Familienfesten nicht, wen ich küssen muss, weil er dazugehört, und wen lieber nicht. Alle kennen meinen Namen. Ich nuschle und huste Begrüßungen. Die tausend Kinder kann ich schon gar nicht mehr zuordnen. So einige Male bin ich schon auf Feiern aufgefallen, weil ich mit Kindern aus dem Nachbarsaal gespielt habe. Ich kann diese Menschen unmöglich alle auseinanderhalten. Und ihre Namen kann ich mir schon gar nicht merken. Aber ich wusste schon lange, dass es so kommen würde.

Als ich meinen wunderbaren Lebensgefährten vor fast sechs Jahren kennenlernte, sagte er mir seinen Namen. Dann noch einmal. Dann noch einmal. Irgendwann kann man nicht mehr nachfragen. Ich wusste also vier Tage lang, die ich fast ausschließlich mit ihm verbrachte, nicht, wie er heißt. Nicht einmal ansatzweise. Mein Kopf ist ein Sieb für israelische Namen. Erst als er mir schließlich seine E-Mail-Adresse und Telefonnummer aufschrieb und netterweise seinen Vornamen mit notierte, entfuhr es mir: »Ah, so heißt du also.« Nun kann man in so einer Großfamilie ja schlecht alle 500 Leute auffordern, ihren Namen aufzuschreiben. Dazu kommt dann noch erschwerend, dass fast jedes Familienmitglied einen Spitznamen hat. Hen ist Bief. Sharona ist Tschucka. Itam ist Fly. Yogev ist Joe. Nahum ist Cookie. Ich weiß wirklich nicht, was das soll.

Doch auch mein eigener Name stiftet Verwirrung. Als ich meinen Wunderbarsten kennenlernte, fand er Katharina irgendwie zu lang. Meine Eltern, und nur die, nennen mich Nina. Also bot ich ihm diese Kurzversion an. Das führte jedoch dazu, dass mich nun in Israel alle Nina nennen. Deutschen, die ich hier kennenlerne, stelle ich mich aber immer noch als Katharina vor. Und meine Freunde von zu Hause kennen mich ebenfalls nur unter diesem Namen. Wenn sie mich dann besuchen kommen, reden sie von einer Person, die hier keiner kennt. Es ist ein Durcheinander. Manchmal muss ich beim Kennenlernen überlegen, in welchem Land ich gerade bin und welcher Ethnie mein Gegenüber angehört.

Immerhin geht Nina den Israelis leicht von der Zunge. Im Gegensatz zu meinem Nachnamen mit dem »ö«. Und da ich deswegen hier nun »Nina Hoftmann« heiße, glauben alle, dass ich einen sehr jüdischen Namen habe. Mein wunderbarer, tatsächlich jüdischer Lebensfreund hingegen hat einen arabischen Mittelnamen. Das liegt daran, dass er nach seinem irakisch-israelischen Onkel benannt wurde, der leider im Jom-Kippur-Krieg für Israel gestorben ist. Trotzdem schauen die Sicherheitsinspektoren jedes Mal, wenn wir am Flughafen sind, misstrauisch in seinen Pass und haken nach. Warum ein arabischer Mittelname? Wie verdächtig. Da möchte man ja schon mal keinen arabischen Vollnamen haben.

Ja, nomen est omen gilt auch hier im Heiligen Land. Apropos: Den Namen von Gott darf man im Judentum übrigens partout nicht sagen. Das soll mir recht sein. Einer weniger, den ich mir merken muss.

Der Schwiegerfriseur

Israelische Friseure machen mir Angst. Israelische Mütter auch. Zusammen sind sie furchterregend!

Meine Schwiegermutter in spe hat jetzt einen neuen Friseur in Tel Aviv. Samuel schneidet ihr die Haare zackig und färbt sie modern. Es sieht wirklich gut aus. Dementsprechend begeistert ist die Schwiegermama und möchte ihren Coiffeur am liebsten mit allen Damen der Familie teilen. Das ist etwas, was ich sehr an Israelis schätze, wenn sie etwas Tolles entdecken, teilen sie es. Es macht sie glücklich. Sie wollen es nicht für sich behalten, wie es in vielen anderen Völkern üblich ist, sondern dass möglichst viele profitieren. Die Aussage »aber verrat es keinem, sonst ist es kein Geheimtipp mehr« habe ich hier noch nie gehört.

Ich bin eigentlich nicht besonders umständlich mit meinen Haaren. In Berlin gehe ich immer zum »Cut and Go«-Friseur. Wenn das Ganze mal ein bisschen zu kurz oder zu schräg ist, sage ich großzügig, das wird schon wieder wachsen. Meine ausländischen Freundinnen hier haben mir jedoch mit ihren Geschichten von israelischen Friseuren etwas Angst gemacht. Anscheinend tun diese nie, was man in Auftrag gibt, sondern immer nur, was sie selbst wollen. So hat Freundin L. statt geschnittener Spitzen einen Kurzhaarschnitt verpasst bekommen und Freundin A. statt Strähnchen eine völlig neue Haarfarbe. Bei Beschwerden sagen die israelischen

Haarkünstler nur: »Ach, das wächst schon wieder.« Ich kann mir vorstellen, wie das autoritätenresistente Völkchen Haare bearbeitet. Dementsprechend skeptisch war ich, als die Begeisterung meiner Schwiegermama für ihre neueste Haar-Errungenschaft auch für mich spürbar wurde.

Erschwerend kam dazu, dass ich gerade beschlossen hatte, meine Haare wachsen zu lassen, und daher alles, aber wirklich keinen Friseur gebrauchen konnte. Es half nichts. Als ich beim nächsten Mal aus Versehen die tolle Frisur der Freundesmutter komplimentierte, nutze sie die Chance und beschloss blitzschnell: »Oh, danke. Das nächste Mal nehme ich dich mit, und dann kann Samuel auch deine Haare schneiden.«

Mit Israelis ist das so. Wenn sie etwas gut meinen und überzeugt davon sind, dass das, was sie für dich wollen, dein Leben zum Positiven verändern wird, kann man es ihnen nicht ausreden. Da helfen keine Argumente à la »Nee danke, ich lass meine Haare gerade wachsen« und auch keine vorgeschobenen Entschuldigungen wie »Ich habe gerade kein Geld für einen so teuren Friseur.« Mein Schicksal war besiegelt. »Dann macht dir Samuel halt nur einen Fan. Und bezahlen tu ich«, entschied die Schwiegermama in spe resolut. »Fan«, lernte ich dann, nennen die Israelis das Föhnen und Stylen nach dem Schneiden. Ich wollte nicht einmal das. Denn das hielt ich nun wirklich für Geldverschwendung. Aber für Einwände war es bereits zu spät. Schwiegermama hatte schon das Telefon in der Hand und verabredete in dieser Sekunde, wann wir kommen würden.

Israelis scheinen besessen vom Haareschneiden zu sein. Nirgendwo auf der Welt gibt es, scheint mir, so viele Friseurläden wie in Tel Aviv. Allein im Umkreis unserer Wohnung kann ich in ungefähr 20 verschiedenen Barbiergeschäften vor allem männliche Coiffeure beobachten, die gerade haarige Entscheidungen über das Leben anderer fällen. In vielen dieser Läden läuft extrem laute Musik. Die Figaros wuseln quasselnd zwischen ihren Kunden hin und her. Draußen stehen rauchende Damen mit alufolienbedecktem Haar.

Ähnlich sah es auch bei Friseur Samuel aus, der seinen Salon in einem hocheleganten Appartementhaus im Norden Tel Avivs führte. Ich wurde erst einmal auf einen Massagestuhl gepackt, von hinten näherte sich die Assistentin zum Haarewaschen. Der Sessel war tatsächlich unglaublich erholsam, ich sah bunten Fischen beim Schwimmen zu. Von rechts nach links, von links nach rechts.

Geradezu hypnotisiert setzte man mich schließlich auf den Sitz vor Samuel. Ein Trick. Ich hätte es wissen müssen. Der eigensinnige Haarkünstler nährte sich mit einem Föhn in der linken Hand. Ich schloss tiefenentspannt die Augen. Als ich wieder aufwachte, waren meine Haare gute zehn Zentimeter kürzer. Plötzlich hellwach, riss ich die Augen auf und starrte den Mann hinter mir im Spiegel an. Wer war er, dass er einfach so was tun konnte? Die Welt schien einen Moment stehen zu bleiben. Im Augenwinkel sah ich meinen wunderbarer Lebensfreund und seine Mutter Kaffeetassen halten. Die Assistentin lächelte begeistert in meine Richtung.

Wie in Zeitlupe schaute ich zurück zu Samuel. Er setzte an, etwas zu sagen. Mein diabolischer Blick hielt ihn davon ab. Mit engelsgleichem Lächeln sagte ich schließlich: »Du, Samuel. Ich habe eine ganz tolle Kosmetikerin, zu der solltest du unbedingt auch einmal gehen. Sie macht die besten Gesichtspeelings der Stadt.«

Saunabesuch

Heute wäre ich fast in der Sauna umgekommen. Ich glaubte daraufhin, dass ich bald ein echter Israeli sei. Doch der Tag sollte ganz anders ausgehen. Stunden später stand ich heulend an der Passkontrolle in Tel Aviv. Ich fühlte mich so wenig israelisch wie nie zuvor.

Lassen Sie mich erklären, worum es geht. Also eins nach dem anderen.

Israelis meckern viel. Vor allem und am liebsten über ihr eigenes Land. Zu heiß. Zu teuer. Die Politiker zu doof. Zu korrupt. Zu unfähig. Die Leute sind nicht mehr das, was sie mal waren. Die Werte verfallen. Sämtliche Immobilienpreise sind unverschämt. Die Bauweise ist lächerlich. In Israel gibt es aber trotz aller Kritikpunkte viele Neueinwanderer. Sie kommen aus Frankreich, den USA oder dem Jemen. Man kann sie von den »echten« Israelis leicht unterscheiden. Die »Olim«, »Aufsteiger«, wie die Neuankömmlinge im Hebräischen genannt werden, finden in ihrer neuen Heimat (die sie »Aretz«, zu Deutsch »das Land« nennen) alles toll. Sie sind blind vor Liebe, verklärt, bedingungslos. Alle anderen haben die rosarote Brille nach spätestens einem Jahr abgesetzt.

Bei mir lief das ähnlich. Ich habe Israel als Touristin kennen und lieben gelernt. Kein Land auf der Welt hat so viel Liebe von mir bekommen wie dieser kleine Nahost-Fleck. Ich liebte alles an Israel, die Geschichte, die Leute, das Essen, die Städte, die Energie. Auch ich war bedingungslos. Es dauerte nicht lange, bis diese Verzückung einer kritischeren Einschätzung wich. Dass viele Dinge in Israel nicht nur toll sind, weiß ich mittlerweile. Will man ein richtiger Israeli sein, ist man jedoch Nörgelfritze nach innen und Pressesprecher nach außen. Denn egal, wie sehr Israelis an ihrem Land herumkritisieren, nach außen würden sie es immer inständig verteidigen.

Ich bin auf dem Weg, ein Israeli zu werden. Zumindest dachte ich das, als ich am Wochenende in Zypern kurzurlaubte. Es waren die Tage, da Husni Mubarak nach 30 Jahren Diktatur abdankte, und ich saß auf einer Urlaubsinsel in der Sauna. Man kann nicht immer am richtigen Platz sein. Als ich beim Saunieren mit einem Engländer ins Gespräch kam und er mehr über das Heilige Land wissen wollte, sah ich eine Chance, meinem Dasein doch noch einen tieferen Sinn zu verleihen. Bei 90 Grad verwandelte ich mich in eine stolze Fürsprecherin des Staates Israel.

Ich schwärmte und lobte, was das Zeug hielt. Einwände widerlegte ich mit zahlreichen Argumenten, warum der Engländer unbedingt nach Israel fahren sollte. Die Sanduhr sickerte bereits das dritte Mal durch. Ich bin eigentlich kein Typ für die Sauna. Mir wird da immer schlecht. Mein Kreislauf ist nicht sehr stabil. Aber ich hatte eine Mission. Der Engländer erklärte, er fahre dahin, wo es am billigsten sei. Und die Juden seien ja schon immer geldgierig gewesen. Erst da gab ich auf. Nach einem weiteren kurzen, weniger freundlichen Wortwechsel sprang ich endlich, einem Hitzekollaps nahe, aus dem Schwitzbad.

Ich übertreibe nicht, wenn ich sage, ich hatte das Licht

bereits gesehen. Aber ich konnte die Sauna doch nicht verlassen, ohne wenigstens versucht zu haben, das Bild Israels in der Welt zurechtzurücken. Und wenn auch nur bei einer Person. Es ist ein Anfang. So israelisch bin ich geworden. Mir liegt das Land am Herzen wie mein eigenes. Ich verteidige es wie eine mir nahestehende Person, die zwar manchmal Fehler macht, die ich aber trotz allem und über alles liebe. Ich riskiere sogar mein Leben.

Voller patriotischer Gefühle, mit dem nahenden einjährigen Jubiläum meines Umzugs ins Heilige Land im Hinterkopf, machte ich mich am Valentinstag auf nach Hause. Voller Zuversicht und Vorfreude hockte ich in meinem Flugzeugsitz auf der Strecke Larnaca – Tel Aviv.

Wenn Israelis eine Weile im Ausland waren (dazu zählt auch schon ein Wochenendtrip), sind sie meist überglücklich, wieder zu Hause zu sein. Geradezu euphorisch lächelnd sieht man sie an Gepäckbändern stehen, voller Freude aufs Daheim. Auch ich wollte nun, da ich ein Jahr im Land war und mich mehr und mehr zugehörig fühlte, so glücklich sein. Ich nahm mir vor, aus dem Flugzeug auszusteigen, die Luft tief einzuatmen und etwas ganz Pathetisches wie »endlich zu Hause« zu denken. Vielleicht hätte ich es sogar laut gesagt.

Ich kam nicht dazu. Noch auf der Gangway lauerte mir eine Dame von der Flughafenpolizei auf. Sie fragte misstrauisch, was ich in Israel wolle, was ich hier mache, wo ich mit wem lebe und so weiter. Als ich ihr erklärte, dass ich in Tel Aviv arbeite und auch über sämtliche Visa verfüge, wünschte sie mir eine gute Heimreise. Doch an der Passkontrolle wurde ich wiederum herausgezogen. Man ließ mich 15 Minuten neben dem Schalter warten. Worauf, sagte man mir nicht.

»Das ist das Prozedere«, wiederholte der Kontrolleur auf meine immer ungeduldigeren Nachfragen nur stoisch. Ich stand noch nie dort. Neben der Passkontrolle. Nicht durchgekommen. Die ganze wartende Halle starrte mich an, als wäre ich Hassan Nasrallah, der Generalsekretär der Hisbollah, persönlich.

Nach einer gefühlten Ewigkeit im bürokratischen Nirgendwo nahm mich eine circa 22-jährige Dunkelhaarige mit. Sie führte mich in ein Zimmer, an dem »Immigration Police« stand. Es war voller Asiaten. Rund 200 Filipinos und Thais quetschten sich in den kleinen Raum. Sie machten sofort Platz für mich. Sie waren die einzigen freundlichen Menschen, die mir an diesem Abend am Flughafen in Tel Aviv begegneten. Wir waren Verbündete, weil anscheinend Staatsfeinde. Menschen, die aus dem System gerutscht waren. Immer noch hielt es niemand für nötig zu erklären, was los ist. Die Situation wurde von Minute zu Minute kafkaesker. Schließlich, nach einem fünf sekündigen Blick in meinen Pass, ließ man mich gehen. Rückfragen wurden ignoriert. Ich ließ die asiatischen Kameraden hinter mir. Ich vermute, sie sitzen heute noch dort.

Als ich nach einer gefühlten Ewigkeit schließlich an das Gepäckband kam, heulte ich wie ein Schlosshund. Nein, ich war kein Israeli. Ich war ein Fremdkörper, vor dem das Land beschützt werden musste. Ich hätte gerne jemandem von meinem Saunabesuch ein paar Stunden zuvor erzählt. Doch darauf kam es jetzt nicht mehr an.

Schweizer Parabel

Neulich erklärte ich einem jungen Schweizer beim Schabbes-Abendessen in der Bograshov-Straße, dass man aus Ost-deutschland zu DDR-Zeiten nicht ausreisen konnte. Er sah mich nur verständnislos an und fragte immer wieder Dinge wie: »Aber man konnte doch zum Beispiel nach Italien fahren. Von da konnte man doch ausreisen?« – »Nein. Es ging, wenn überhaupt, nur Richtung Osten. Nach Ungarn durfte man zum Beispiel«, erklärte ich ihm. »Na, dann hätte man doch von Ungarn nach Italien fliegen können, oder?« »Nein«, sagte ich, »die haben da ja mitgemacht.« – »Aber die Leute in Berlin konnten doch einfach in den Westen, ja?«, fragte er mit einem letzten Rest Hoffnung. Nein, nein, nein, enttäuschte ich ihn wiederum. Er sah mich an wie ein Kind, das gerade erfahren hat, dass der Weihnachtsmann der Opa ist.

Ich verstehe ihn. Mir geht es oft in Israel genauso. Dinge, die ich für selbstverständlich halte, gehen hier manchmal nicht. Das Land ist ja durchaus modern. Es kann wohl als das modernste Land im Nahen Osten bezeichnet werden, wenn nicht sogar als eines der modernsten der Welt. Amerikaner nennen es gerne die Start-up-Nation. Ein Journalistenkolle-ge sagte mir dessen ungeachtet einst Folgendes: »Du darfst nicht vergessen, Katharina, wir sind hier im Nahen Osten. Je schneller du das verstehst und akzeptierst, desto besser wirst du hier klarkommen.« Er mag recht haben.

Manchmal habe ich das Gefühl, Israel ist mehr Start- als Start-up-Nation. Dinge kommen einem hier manchmal unmöglich vor. Neulich zum Beispiel war der Strom in unserer Wohnung abhandengekommen. Die Jalousien, die man nur elektronisch öffnen kann, waren heruntergelassen, und wir tappten im Dunkeln. Nichts ging mehr. Der Elektriker kam und führte uns zum Hauptsicherungskasten. Ich kann sagen, dass die Sicherungskästen, die in einer Art Verschlag unten vor dem Haus angebracht sind, wenig mit westlichen TÜV-Standards zu tun haben. Sie erinnerten mich eher an alte technische Geräte, die man manchmal auf Bildern aus den Jahren der ersten großen Erfindungen sieht. So anno ausgehendes 19. Jahrhundert. Ich schaute mich um, und plötzlich fiel mir auf, dass die Stromleitungen ebenfalls so gar nichts Modernes an sich hatten. Scheinbar wahllos schlängelten diese auf eine rostige Metallvorrichtung zu, manche Kabel waren grün und schienen einfach nur so dort zu hängen. Wie fette Würgeschlangen ploppten dicke schwarze Gummischläuche aus unserem Nachbargebäude.

»Aber«, sagte ich zum Elektriker, »das ist doch trotzdem sicher, oder?« Er schaute mich an wie ich jüngst den fragenden Schweizer. Ein bisschen mitleidig, ein bisschen verständnislos. So als wollte er sagen: Wie, du weißt es nicht? Es kann sein, dass ich tatsächlich dem Mythos vom Heiligen-Start-up-Pseudo-Europa-Land aufgesessen bin. Die Indizien häufen sich. Denn an dem Haus neben uns wird jetzt gebaut. Man hat eine Art Gerüst drum herum gebaut. Ich sag das mal so, denn diese Holz-Metall-Konstruktion würde in Deutschland bestimmt nicht als Baugerüst durchgehen. Seit ungefähr drei Tagen sitzt ungefähr auf Höhe des zweiten Stocks eine

Katze auf dem Gerüst und schreit. Sie traut sich wohl nicht mehr herunter. Sie blickt von ihrer Holzetage auf all die bedrohlich ausgeleierten Stromkabel, ich verstehe ihre Angst.

Mein wunderbarer Lebensfreund und ich haben also die Feuerwehr gerufen. Eine halbe Stunde später kommen fünf junge Männer in einem Kleinstwagen Marke Fiat Cinquecento oder so um die Ecke gedüst. Sie springen aus dem Minimobil und diskutieren erst einmal eine Weile. Die Katze schreit. Schließlich fasst einer Mut und wirft sich in einen ziemlich beeindruckenden Feuerwehrmann-Anzug. Er sieht jetzt aus, als wolle er das Word Trade Center löschen. Die Katze schreit noch mehr. Der Feuerwehrmann kraxelt behäbig die Holzkonstruktion empor – von unten rufen ihm die anderen vier zu, was er tun soll. 15 Minuten später steigt er erfolglos vom Gerüst. Die Katze ist in ihrer Angst vor dem verkleideten Feuerwehrmann nur immer weiter das Gerüst hochgeklettert. Sie können nichts tun, sagen die fünf und tuckern mit ihrem Playmobil von dannen.

Ich spielte den Schweizer. Aber das kann doch nicht sein? Die müssen doch diese Katze da irgendwie herunterbekommen. Das Tierchen schrie sich langsam in Ekstase. Ich stimmte hysterisch ein. Kann sie nicht über Italien ausreisen? Mein Wunderbarster schaute mich verzweifelt, vielleicht auch zweifelnd, an. Ohne auch nur ein weiteres Wort zu sagen, verließ er mit einer Dose Tunfisch unsere Wohnung, kletterte auf das Nachbardach und rettete die Katze.

Ich glaube, mein jüdischer Freund ist der Weihnachtsmann.

Freundschaft

Gestern hatte ich Geburtstag. Am gleichen Tag wie Israel. Zusammen sind wir 90 geworden, ganz Tel Aviv feierte. Irgendwie hatte ich das Gefühl, all die Feuerwerke und Straßenpartys waren auch für mich. Am Strand gab es den ganzen Vormittag über spektakuläre Schauen mit militärischen und zivilen Flugzeugen. Vor der Küste patrouillierten Kriegsschiffe aller Größen, die Bademeister schrien sich in Ekstase: »Wo ist der Applaus? Für den Ruhm des Staates Israel.« Menschen applaudierten folgsam, aaahten und ooohten. Für den Ruhm.

Israels Piloten und Marine signalisierten Stärke, alles wird gut, schienen sie aus der Ferne zu rufen. Wir beschützen euch, wir sind da. Neben mir stand mein wunderbarer Lebensgefährte und rief gegen den donnernden Lärm der Jets an: »Das sind die F16. Wow.« – »Was machen die denn so?«, brüllte ich zurück. »Na, die bombardieren Gebiete. Wie Libanon, Gaza.« Ich stellte mir vor, am Strand in Gaza zu stehen anstatt in Tel Aviv und die Jets andüsen zu hören.

Nur einen Tag vor den Feiern zu Israels Unabhängigkeit, am »Jom HaSikaron«, gedenken die Israelis den Gefallenen ihres Staates. Als Gefallene gelten selbstverständlich Soldaten, die ihr Leben in einem der offiziell acht Kriege des jungen Landes verloren haben, aber auch Zivilisten, die bei Terroranschlägen oder Ähnlichem umgekommen sind. Von den acht Kriegen hat Israel drei angefangen. Alle drei waren eine Reaktion auf etwas: 100 000 feindliche Soldaten an der Grenze, Terroranschläge oder Raketenhagel. Dementsprechend sieht sich Israel selbst immer noch als den kleinen David, der gegen die arabisch-muslimischen Goliaths kämpft. In den Gedenkzeremonien am »Jom HaSikaron« werden Schweigeminuten durchgeführt, Gebete gesprochen, das Wort »Shalom« fällt dabei fast genauso oft wie das Wort »Hagana« – Verteidigung.

Der Trauertag geht direkt in den Unabhängigkeitstag über (jüdisch-israelische Feiertage beginnen abends) – die Fahnen werden landesweit von Halbmast hochgezogen. Auf dem Herzlberg in Jerusalem wird sozusagen auf Theodors Grab getanzt – die Stimmung auf den Straßen ist wie bei uns an Silvester. Feuerwerke, betrunkene Massen, Musik aus allen Ecken und Wohnungen. Die Israelis feiern ihr Land mit Leidenschaft – an diesem Tag ist es egal, ob links oder rechts –, alle sind Patrioten am Unabhängigkeitstag. Selbst Tel Aviv, die Hochburg der Linken, ist voller Fahnen, die stolz aus Fenstern oder von Balkonen wehen. Israel ist eins, na ja, fast.

Die Palästinenser und viele arabische Israelis begehen fast zeitgleich den »Tag der Nakba« – Israels Unabhängigkeit 1948 bedeutete für sie die Flucht. Den Verlust ihrer Häuser, ihres Lebens wie es vorher war. Auch einige wenige jüdische Israelis machen am Unabhängigkeitstag nicht mit. Am Strand sah ich, während gerade mächtige Hubschrauber in Dreier-Formationen über uns hinwegratterten, den mittlerweile zum Christentum konvertierten Mordechai Vanunu in einer roten Badehose vorbeispazieren. Vanunu ist in Israel so etwas wie der Bilderbuch-Verräter. Er hat in den 80er-

Jahren geheime Dokumente über Israels Nuklearprogramm veröffentlicht und so praktisch die atomare Bewaffnung des Landes bewiesen. Daraufhin saß er wegen Hochverrat 18 Jahre im Gefängnis. Auch heute unterliegt er zahlreichen Restriktionen: Er darf keine Handys und kein Internet benutzen, Israel nicht verlassen, nicht mit Ausländern sprechen und sich keiner Botschaft nähern. Vanunu spricht aus Prinzip kein Hebräisch mehr, habe ich mal gehört. Er fühlt sich nicht mehr als Israeli. Während die Leute am Strand die Parade von Flugzeugen und Schiffen jubelnd beobachteten, lief Vanunu wie ein Geist emotionslos vor sich hinstarrend durch die Menge. Der Bademeister schrie wiederholt in sein Megafon: »Wo ist der Applaus? Für den Ruhm des Staates Israel.« Vanunu zuckte nicht mal, er marschierte in seinem eigenen Land. Er hat bestimmt im Winter Geburtstag.

Man hat immer automatisch Sympathien für diejenigen, die am gleichen Tag wie man selbst Geburtstag haben. Ich mag Israel. Trotz allem. Oder wegen allem. Es wäre für mich leichter, zum Zionismus als zum Judentum zu konvertieren. Dieser Traum, dieser Kampf um den einzigen Staat für Juden, fasziniert mich. An Gott zu glauben fällt mir schwer, aber Herzl, diesen großen Revolutionär, den gab es ganz sicher – auch wenn es mir leidtut, dass der Staat vor allem in seiner Religiosität so ganz anders geworden ist, als der große Theodor es sich vorgestellt hat. Vielleicht ist man aber auch als Deutscher eh anfällig für Patriotismus, solange es nicht für das eigene Land ist. Vielleicht will man auch endlich mal da mitmachen und nutzt die Gelegenheit, wenn sie sich bietet.

An meinem Geburtstag trank ich daher auch auf Israel, das Land war gut zu mir. Meistens. Anderntags trat es mich

in den Hintern, oft behandelte es mich ungerecht, nicht selten machte es mich wütend. Aber dann wieder brachte es
mich zum Lachen, gab mir Geborgenheit und Inspiration.
Und manchmal machte es mich unendlich glücklich.

Israel war mein Freund geworden.

Danksagung

Ich danke meinem wunderbaren Lebensgefährten für alles.

Meiner Freundin Britta danke ich für tausend kluge Gedanken und das Lesen aller, aller Kolumnen.

Meinen geliebten Eltern danke ich dafür, dass sie meinen Weg mit mir gehen und hinter mir stehen, auch wenn sie manchmal dagegen sind.

Bei meiner Schwiegerfamilie, allen voran Hagar und Tuvia, bedanke ich mich für die Wärme, Liebe und all die lustigen Momente.

Ich danke meiner Freundin Eva, die dieses Buch irgendwie überhaupt erst ermöglicht hat. Petra Eggers danke ich dafür, dass sie sofort an dieses Buch geglaubt hat. Bei Berrit Barlet möchte ich mich für ihr behutsames Lektorat bedanken.

Daneben danke ich all denen, die mich mit Ideen, Worten und Geschichten inspiriert haben. Vor allem meiner Freundin Shira für ihre vielen haargenauen, Augen-öffnenden Erklärungen. Außerdem: Sho, Anne, Oren, Fanny, Rebecca, Leah, Nieke, Beatrice, Liat, Tal, Alisa, Kerstin und Thore.